Reading
Berkeley's *Principles*
:The Logic and Critique of His 'Immaterialism'

冨田恭彦

バークリの『原理』を読む

――「物質否定論」の論理と批判

keiso shobo

まえがき

ジョージ・バークリ（George Berkeley, 1685–1753）。アイルランドの代表的な哲学者で、アメリカとも深い関わりがあり、その名はアメリカ西海岸のバークリ市の市名となっている。[1]

バークリは聖職者として懐疑論と無神論の蔓延を食い止めるべく論陣を張った。彼はジョン・ロック（John Locke, 1632–1704）をはじめとする当時の哲学界の動向に通じており、ルネ・デカルト（René Descartes, 1596–1650）によって近代的な意味で使用されるようになった「観念」（idea）という専門語を用いて、「物質」とか「物体的実体」とか言われるものの存在を否定し、これによって懐疑論と無神論の批判を試みた。やがて、ドイツの哲学者クリスティアン・ヴォルフ（Christian Wolff, 1679–1754）の影響下に、あるドイツ人がバークリの見解を「観念論」（ラテン語で idealismus, ドイツ語で Idealismus, 英語では idealism）として扱い、[2] 以後彼の立場は一般に「観念論」と呼ばれるようになった。しかし、彼自身はみずからの立場を「物質否定論」（immaterialism）と呼ぶ。[3] この物質否定論の基本を詳しく論じたのが、彼が二〇代半ばに出版した、『人間の知識の諸原理についての論考』（*A*

Treatise Concerning the Principles of Human Knowledge [1710] である（我が国では『人知原理論』という書名で知られてきたが、本書では、国際的慣行に従って、これを『原理』と略称する）。

本書は、バークリの『原理』に見られる彼の「物質否定論」の基本論理を、『原理』の文言を引用しながらできるだけ詳しく解説するとともに、その論理を批判的に検討し、それが残したものを明確に提示しようとするものである。

『原理』は、献辞と「序文」と「序論」と「第一部」からなる。「第一部」は大きく三つの部分からなり、その最初の部分でバークリは自身の物質否定論の基本論理を一気に展開する。本書では、まず第1章「「序論」を読む——『原理』の目的と、「抽象観念」説批判」で、主として「序論」をとりあげ、『原理』の目的を考察するとともに、バークリが「序論」で論じた彼の抽象観念説批判の内容を確認する。

次いで、「第一部」の最初の部分、すなわち、バークリが物質否定論の基本を一気に提示する最初の三三節をさらに三つに分け、第2章から第4章までの三章でそれぞれの内容を順次押さえる。

第2章「誤読を解く——「エッセ・イズ・ペルキピー」は物質否定論の核心部分ではない」では、「第一部」の最初の七節を取り上げる。その第三節に見られる *Esse is Percipi* は、久しくバークリの物質否定論の核心であると言われてきたが、まずはその誤解を解くことにする。そして、続く第3章「物質否定論の核心部分——「似たもの原理」と「マスター・アーギュメント」」で、バークリの物質否定論の真の核心部分の論理を押さえる。さらに第4章「神と自然法則——物質のない世界」では、物質が否定されたあとにクローズアップされる神の役割を確認する。
バークリは『原理』の最初の部分で自身の物質否定論を簡明に提示したあと、続く第三四節から第八四節にかけての部分で、その物質否定論に対してみずから多数の反論を提起し、順次それに答える。第5章「反論と答弁——一四の反論に答えて」では、その反論と答弁の内容を押さえる。また彼は、最後の第八五節以下の部分で、自身の物質否定論からどのような望ましいことが帰結するかを論じる。本書第6章「物質否定論のメリット——懐疑論と無神論を退ける」では、この部分の主要な議論の内容を確認する。

こうして、第1章から第6章までの六つの章で、バークリの物質否定論の内容を具体的に確認したあと、第7章と第8章でこれを批判的に検討する。

まず第7章「バークリの抽象観念説批判・再考——心像論的「観念」理解が無視したもの」では、「序論」におけるバークリの抽象観念説批判が、専らロックの抽象観念説をターゲットにしながら、いくつかの重大な点において、まったく的を外していることを示す。また、第8章「物質否定論の歪みの構造——バークリ思想の影」では、そもそも彼の物質否定論が、デカルト的・ロック的な物質肯定論の論理に依拠しながら当の物質肯定論の基盤を覆そうとする、自己崩壊の論理によるものであることを明らかにする。

これらの批判は、これまで私がいくつかの機会に国内外を問わず提示してきたことでもあり、本書ではその批判の核心部分を明示するよう努める。けれども、そうした批判にもかかわらず、私はバークリの物質否定論に、ある肯定的に見なければならない重要なものがあると確信している。終章「新たな創造的提案としての物質否定論――バークリ思想の光」では、その件について論じる。

本書はそのように、かなり厳しいバークリ批判を含むものの、思想を理解するということは、本来そうした考察をも含めてなされるべきことである。最初の六章で進められる、バークリの文言を極力引用しながらの内容解説と、第7章以下での厳しい批判的考察とのコラボレーションが、バークリの思想のよりいっそう深い理解につながることを期待している。


本書では、『原理』のテクストとして、一七三四年に刊行された改訂第二版（George Berkeley, *A Treatise Concerning the Principles of Human Knowledge.* [...] *To which are added* Three Dialogues between Hylas and Philonous [London: Jacob Tonson, 1734]）を用い、綴りや大文字の使い方もそれに従う。訳文はすべて拙訳による。テクストの箇所を示す際には、当該節番号、改訂第二版のページ番号とともに、A・A・ルース（Arthur Aston Luce, 1882–1977）とT・E・ジェサップ（Thomas Edmund Jessop, 1896–1980）が編集した *The Works of George Berkeley, Bishop of Cloyne*, ed. A. A. Luce and T. E. Jessop, 9 vols.（London: Nelson, 1948–1957）の該当箇所の節番号とページ番号を併記する。バークリの他の著作については、原則として、右のルース＝ジェサップ版を用い、他の版に言及する際には適宜書誌情報を注記することとする。

以下では、一七三四年刊の『原理』第二版を *Principles*, 2nd edn.（1734）と略記し、ルース＝ジェサップ版の『原理』を *Principles*, LJ もしくは単に LJ と略記する。

バークリの『原理』を読む

「物質否定論」の論理と批判

目次

第3章 物質否定論の核心部分──「似たもの原理」と「マスター・アーギュメント」…………79

第1章　「序論」を読む
――『原理』の目的と、「抽象観念」説批判

はじめに

ジョージ・バークリの『人間の知識の諸原理についての論考』(George Berkeley, *A Treatise Concerning the Principles of Human Knowledge* [Dublin: Jeremy Pepyat, 1710]. 以下では本書原典を *Principles* と略称する国際的慣例に合わせて、『原理』と略称する)がダブリンで出版されたのは、一七一〇年五月のことである。バークリが生まれたのは一六八五年三月一二日であるから、『原理』初版が出版されたとき、バークリは二五歳であった。ずっとのちの一七三四年に、その改訂第二版がロンドンで出版された。これは、『ハイラスとフィロナスの三つの対話』改訂第三版との合冊本になっている(George Berkeley, *A Treatise Concerning the Principles of Human Knowledge.* [...] *To which are added* Three Dialogues between Hylas and Philonous [London: Jacob Tonson, 1734])[1]。バークリが生前に出版した『原

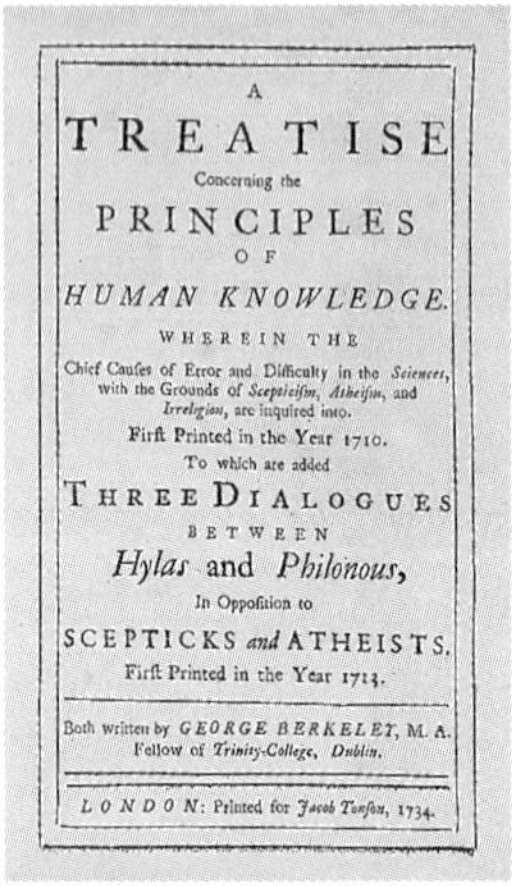
A
TREATISE
Concerning the
PRINCIPLES
OF
HUMAN KNOWLEDGE.
WHEREIN THE
Chief Causes of Error and Difficulty in the Sciences, with the Grounds of Scepticism, Atheism, and Irreligion, are inquired into.
First Printed in the Year 1710.
To which are added
THREE DIALOGUES
BETWEEN
Hylas and Philonous,
In Opposition to
SCEPTICKS and ATHEISTS.
First Printed in the Year 1713.
Both written by GEORGE BERKELEY, M. A. Fellow of Trinity-College, Dublin.
LONDON: Printed for Jacob Tonson, 1734.

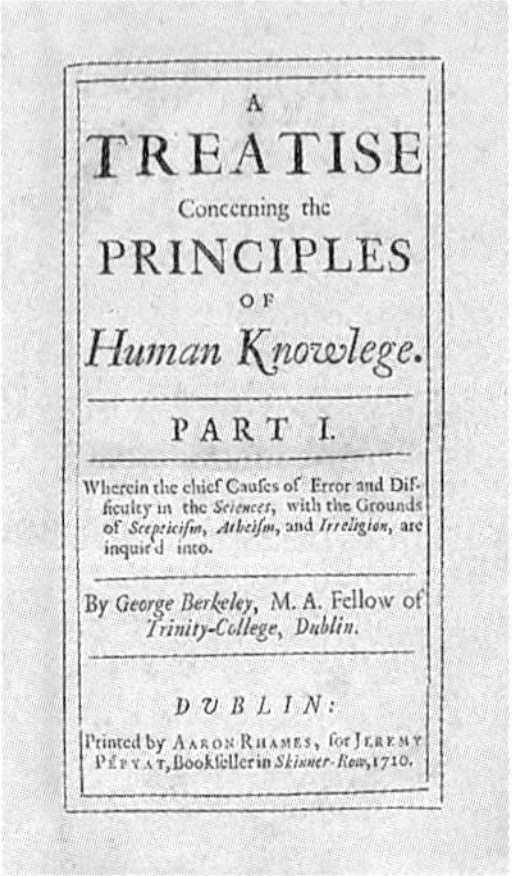
A
TREATISE
Concerning the
PRINCIPLES
OF
Human Knowlege.
PART I.
Wherein the chief Causes of Error and Difficulty in the Sciences, with the Grounds of Scepticism, Atheism, and Irreligion, are inquir'd into.
By George Berkeley, M. A. Fellow of Trinity-College, Dublin.
DUBLIN:
Printed by AARON RHAMES, for JEREMY PEPYAT, Bookseller in Skinner-Row, 1710.

（右）『原理』初版の扉　PART I. の記載がある。
（左）『原理』改訂第２版の扉

理』はこれら二版のみである。

『原理』は、もともと、第四部までの出版が構想されていた(2)。物質否定論（immaterialism）もしくは観念論(3)の基本原理を説く「第一部」に続けて、「第二部」では形而上学と倫理学が、「第三部」では自然哲学（自然科学）が、「第四部」では数学が論じられるはずであった。しかし、第二部の原稿をヨーロッパ大陸の旅の途中にイタリアで紛失してしまったこともあって(4)、結局バークリは第二部以下の出版を諦め、結果的に『原理』は「第一部」のみの出版となった。初版の扉にあった「第一部」（PART I.）という表記は第二版の扉では削除されているが、本論の最初のページには PART I. の記載があり、また、柱にも Part I. と記載されている。

『原理』は献辞(5)（初版のみ）と序文（The Preface 初版のみ）、序論（Introduction）と本論（Part I 第一部）からなる。序論（二五節からなる）では、『原理』の目的が提示されるとともに、学問的営みの妨げとなる「抽象観念」説が批判される。そして、そのあと、全一五六節からなる本論（第一部）が続く。

本論は大きく三つの部分に分けることができる。まずは第一節から第三三節に至る部分で、バークリはそこで物質否定論の基本論理を一気に説いてみせる。続く第三四節から第八四節では、そうした自身の物質否定論に対する多数の反論をみずから提示し、それに答える。そして、最後の第八五節から第一五六節では、みずからの物質否定論からどのような有益な帰結が引き出されるかを論じる。

本章では、本論（第一部）での議論を次章以下で取り上げるに先立って、彼が「序論」で説いていることを二点にわたって確認する。『原理』の目的と、彼の「抽象観念」説批判である。

1　『原理』の目的

ジョージ・バークリ

バークリは『原理』序論を次のように始める（「序論」第一節）。

哲学は知恵と真理の研究にほかならないので、哲学に最も多くの時間と労力を注いだ人々は、ほかの人たちと比べて、心の平静や平安、知識の明晰さや明証性をそれだけ多く享受し、疑念や困難に心を煩わされることがそれだけ少ないだろうと思われるのも、無理からぬことであろう。それはそうなのだが、見たところ、多くの場合に心安らかで煩いを持たないのは、平明な常識の王道を歩み自然の命じるところに従って生きている、学問とは無縁の大衆である。彼らにとって、馴染みのものでわけがわからず理解しがたいように見えるものはなにもない。彼らは、自分の五感に明証性が欠けていると文句を言ったりはせず、懐疑論者になる恐れはまったくない。しかし、私たちが感官と本能を離れて上級の原理の光に従い、物事の本性について推論し、省察し、反省するようになると、以前には十分に理解していると思われていた物事について、おびただしい疑念がたちどころに私たちの心の中に噴出する。感官の偏見や誤りが至るところから姿を現し、それらを理性〔的推論機能〕によって正そうとすると、知らず知らずのうちに途方もない逆理や困難や不整合に陥ってしまい、しかもそうした逆理や困難や不整合は、私たちが思索を進めるに従って増大し、私たちの手に負えなくなる。そして、私たちは、ついには、たくさんの入り組んだ迷路をさまよったあとで振り出しに戻ってしまうならまだしも、絶望的な懐疑論にどっぷりと浸かってしまうのである。[6]

冒頭に出てくる「哲学」という言葉は、特に「第一哲学」とか「形而上学」とかいった仕方で限定されない限り、当時としては学問の総称として用いられている[7]（したがって、「哲学者」という言葉が出てくる場合にも、「学者」といったほどの意味で用いられていると理解されたい）。その哲学は、心の平静と知識の明証性をもたらすはずなのに、それを得ているのはむしろ哲学に従事していない人々であるという逆説的なことが、冒頭で語られる。そして、感官（Sense 感覚機能）や本能（Instinct）を離れて理性（Reason）による考察を進めようとすると、かえってなにも信じることのできない「懐疑論」（Scepticism）に陥ると言う。なぜなのか。彼の話は次のように続く（「序論」第二節）。

こうなるのは、物事の不明瞭さや、私たちの知性の本性的な脆弱さや不完全さによると考えられている。私たちが持っている機能は少なく、それらは自然が生活を支え助けるために意図したものであって、物事の内的な本質や構造を見抜くためのものではないと言われる。さらに、人間の心は有限であるから、それが無限の性質を帯びる物事を扱う場合には、背理（Absurdities）や矛盾（Contradictions）に陥るとしても、驚くにはあたらない。人間の心がそれらから抜け出すのは不可能である。というのも、有限なものによっては理解されないということが、無限なものの本性だからである。(8)

ここでバークリは、学問をすることによってかえってなぜ背理や矛盾に陥ることになるかについて、まずは従来の考え方を紹介する。従来の考え方は、その理由を、扱う物事の「不明瞭さ」（Obscurity）や、私たちの知的能力の弱さや不完全さに求める。それによれば、私たちは、「物事の内的な本質や構造を見抜くためのものではない」自分の知的機能を、それを超えた対象に対して用い、有限な自分の能力を、それが理解することのできない無限なものに適用することによって、そうした困った事態に立ち至る。だが、バークリはそうした従来の考え方に同意するわけではない。彼は続く第三節で、次のように話を続ける。

しかし、責任を自分たちの機能そのものに求め、その使い方の悪さに求めないというのは、身びいきにすぎるというものであろう。真なる諸原理からの正しい演繹〔正しい結論の導出〕が、擁護したり整合的なものにしたりできないような帰結に至るということは、考えづらいことである。神は、人間の子孫たちにはまったく手の届かないようなところに知識を置きながら、そうした知識を強く求めるよう彼らを造ったのではなく、彼らに十分なものを与えてきたと私たちは信じるべきである。手の届かない知識を求めさせるというのは、神（Providence）の通常の寛大なやり方には似つかわしくない。神は、どのような欲求を被造物に植え付けたにしても、通常はその被造物に、正しく使えばそれを必ず充足させるような手段を持たせるものである。概して、これまで哲学者〔＝学者〕たちを惑わし知識への道を塞いできた困難は、すべてとは言わないまでもその大部分が、まったくのところ私たち自身にその責任があると私は思う。先に自分でほこりを立てておいて、よく見えないと文句を言うの類いである。(9)

要するに、自分たちは神から十分な機能を授けてもらっているにもかかわらず、その使い方のまずさのために余計な問題を生ぜしめていると、話は進むのである。

バークリは、以上の前置きのあと、第四節でいよいよ『原理』の目的を語る。彼は次のように言う。

したがって、あらゆるそういった疑わしさや不確かさ、背理や矛盾を哲学〔＝学問〕のさまざまな

> 学派の中に導き入れ、その結果、最も賢明な人々をして、私たちの無知は自分たちの機能の本性上の鈍さと制限に起因するため矯正不可能であると考えるに至らしめた諸原理が何であるかを、発見できるかどうか試してみること。これが私の目的である。そして、人間の知識の第一の諸原理（the first Principles of *Humane Knowledge*）について厳密な探究を進め、それらをあらゆる面から精査し吟味することは、確かに、苦労のしがいのある仕事である。特に、心の真理追求を阻み妨げる障害や困難は、対象の不明確さや複雑さ、あるいは知性の本性的欠陥に起因するのではなく、むしろ、これまで固執されてはきたものの受け入れる必要のなかった誤った諸原理（false Principles）に由来するのではないかと疑うべき根拠があるため、なおさらである[10]。

言われるとおり、『原理』の目的は、「人間の知識の第一の諸原理」を明らかにすることによって、私たちが真理を追求する際に道を誤らせ困難に陥れる「誤った諸原理」が何であるかを明らかにすることにある。

『原理』の目的についての彼の議論は、次の第五節で一段落する。そこでは、次のように話が締め括られる。

> どれほど多くの偉大で非凡な人々が私よりも先に同じことを企てたかを思うと、この試みは難しく、望みの薄いものに見えるであろう。だが、広く見渡せることが必ずしも明晰に見えることを意味するわけではなく、近視の人は、対象を近くに引き寄せなければならない分だけ、注意深く綿密に調

べれば、目のいい人が見落としてきたものを見分けるかもしれないということを考えるなら、私に多少の希望がないわけではない[11]。

2　副題と序文から

しかし、当然のことながら、これだけでは、まだ具体的にどういうことが図られるのかが見えてはこない。実際には本論（第一部）でバークリが論じることを通して、その目的が具体化するのではあるが、ここでは遡って、『原理』の表題が示す『原理』の目的、および、第一版のみに付された「序文」（The Preface）での関連する彼の文言を見ておく。

『原理』の表題は、初版でも改訂第二版でも、大文字の用法に異同があるだけで内容は同じである（ここでは改訂第二版による）。

人間の知識の諸原理についての論考――その中で、諸学における誤りと困難の主たる原因が探究されるとともに、懐疑論、無神論、無宗教の根拠が探究される（A TREATISE Concerning the PRINCIPLES OF *HUMAN KNOWLEDGE*. WHEREIN THE Chief Causes of Error and Difficulty in the *Sciences*, with the Grounds of *Scepticism*, *Atheism*, and *Irreligion*, are inquired into.[12]）

バークリは、副題の部分で、「諸学における誤りと困難の主たる原因」と、「懐疑論、無神論、無宗教の根拠」を探究することを、『原理』の目的として掲げている。ここに言う「原因」や「根拠」が主として当時の最先端の科学理論である粒子仮説的自然科学の考え方に求められ、いずれ本論の中でその考え方が否定されて「物質否定論」が展開されることは、次章以下で確認する。

『原理』の目的については、第二版で削除された「序文」(The Preface)にも、それに関する文言が見られる。その冒頭で、バークリは次のように言う。

私がここに公にするのは、長きにわたる綿密な探究ののちに、明らかに真であるとともに、とりわけ懐疑論に毒されている人々、あるいは、神の存在や非物質性、魂の本性的不死性の論証を必要としている人々にとって、それを知ることが無益ではないと思われたものである。(13)

ここでもやはり、「懐疑論」を排すると同時に、「神の存在や非物質性」、「魂の本性的不死性」(魂がその本性からして不死であること)を明らかにすることが示唆されている。後者の二つは、いずれも、先の表題の副題部分にあった「無神論」や「無宗教」を排することに関わる。バークリがキリスト教を擁護し、その教えに従って生きることを彼自身の人生の目的としていたことは、のちに彼がアメリカの先住民や植民者を教育しキリスト教を広めるために大西洋のバミューダに学校を造ろうとしたり、クロインの主教として教区民のために尽くしたりしたことからも、十分に理解されるであろう。(14)『原理』(15)自体がそうした試みの一環であることは、『原理』を理解する上で常に念頭に置かれなければならない。

3 「抽象観念」説批判

バークリは、「序論」(Introduction) の最初の五節で『原理』の目的について語ったあと、第六節以下で、「抽象観念」について論じる。この議論は、本論(第一部)での彼の議論を見なければ、なぜそれが「序論」において長々と行われるのか、にわかには理解しがたいところであろう。しかし、バークリにとってこの「抽象観念」説批判は単なる付け足しのようなものではけっしてなく、そこで展開される「抽象観念」否定論は、本論の全体において重要な役割を果たすことがやがて理解されるはずである。ここでは本論での関連する議論を先取りすることによって説明を複雑にするのは避け、「序論」での「抽象観念」説批判の内容を、バークリの主旨に沿って具体的に押さえる。彼の抽象観念否定論の是非については、のちほど別の章(第7章)で論じる。

まずは、バークリがどのような仕方でこの「抽象観念」説批判に入って行くかである。彼は「序論」第六節で次のように言う。

以下で論じることを読者の心がいっそう容易に理解できるように、先に前置きとして、言語の本性と濫用について少し述べておくのがよいであろう。しかし、この問題を解明しようとすると、私の企てを幾分か先取りすることになる。というのも、思索を込み入らせ紛糾させる上で主導的な役割を演じ、知識のほとんどすべての部分において無数の誤りと困難を引き起こしてきたと思われるものに、注意を向けることになるからである。それは、心が物事の抽象観念ないし抽象思念（*Abstract Ideas* or Notions）を形成する能力を持っているという憶説[16]である。哲学者（＝学者）の著作や論争を多少とも知っている人は、それらの少なからぬ部分が抽象観念に費やされていることを認めざるをえない。この抽象観念は、とりわけ、「論理学」や「形而上学」という名前で通っている学、それに、最も抽象的で高尚な学問という想念のもとに知られているすべてのものの、対象とみなされており、そうした学問のいずれにおいても、ほとんどの問題が、心の中に抽象観念が存在していて心はそれを熟知しているという想定のもとに扱われているのがわかるであろう[17]。

見られるとおり、バークリによれば、「思索を込み入らせ紛糾させ」、「無数の誤りと困難を引き起こしてきた」元凶は、「心が物事の抽象観念ないし抽象思念を形成する能力を持っているという憶説」、つまり、抽象観念説である。これは主要な学問のいずれにとっても基本前提となっているとされ、これを徹底的に批判することが、「序論」の以下の部分で試みられる。

4 主たるターゲットはロック

個々のものの観念に共通なものがあり、それを分離し、抜き出し、さらに言い換えれば「抽象」することによって、その共通なものだけからなる観念を作ることを、ロックは『人間知性論』（*An Essay Concerning Human Understanding* [1690]）の中で幾度かにわたって論じた。個々のもの（伝統的な用語で言えば「特殊」なもの)[18]と、複数の個々のものに「一般」的に認められるあるあり方との対比が、その考えの背景にある。この対比自体は、古代ギリシャから認められる。例えば、プラトンの描くソクラテスは、同じ名前で呼ばれる個々の事例ではなく、それらに共通する事柄そのもの(イデア)について、それがどういうものであるか答えるよう求める。

バークリが「序論」ののちの箇所でロックを名指しで取り上げることからしても、ここでは特にロックをターゲットにしているように思われる。もとより、バークリの「抽象観念」説批判の対象がとりわけ当時の最先端の科学理論である粒子仮説的物質肯定論であることからすれば、そして、その理論の中で考察の対象となる「物質」の観念がバークリとしては「抽象観念」の典型であることからすれば、ロックがターゲットになるのは当然のことであった。ともかく、問題になるのは、「分離する」とか「切り離す」とか「抽出する」とかいった意味で「抽象」を理解した場合の、「抽象」されて他から切り離された観念の存在を認めるという考え方であり、バークリはある特定の場合を除いて、「抽象観念」は絶対にありえないとする。

そこで、まずはバークリがどのような仕方で批判の対象となる「抽象観念説」を理解しているかである。

5　バークリの理解

バークリの抽象観念説批判は、彼が否定する抽象観念説がそもそもどのようなものであるかを説明するところから始まる。彼はまず物の「性質」や「様態」、つまり物のあり方を取り上げ、第七節で次のように言う。

物の性質（Qualities）ないし様態（Modes）は、一つ一つがそれ自身離ればなれに、他のすべてから分離されて実在することはけっしてなく、いくつかが同じ対象の中で言わば混合され混ぜ合わされていることは、誰もが認めるところである。しかし、心は個々の性質を、個別に、あるいはそれと合一している他の諸性質から抽象して考察することができ、それによってそれ自身のために抽象観念を形成すると言われている。例えば、視覚によって、延長し、色を持ち、運動する対象が知覚される。心はこの混合した複合的な観念をその単純な構成要素をなす諸部分へと分解し、それぞれの部分を単独で、残りのすべてを排除して眺め、延長や色や運動の抽象観念を形成する。色や運動が延長なしに存在しうるというのではなくて、単に心が抽象（*Abstraction*）によってそれ自身のために延長を除外して色の観念を、色と延長の双方を除外して運動の観念を作ることができるというにすぎない。(19)

ここに言う「延長」（Extension）とは、縦・横・高さの広がりのことである。例えば色は、現実にはなんらかの広がりを持つことなしには存在しえない。しかし、バークリの理解する抽象観念説によれば、そのように「色〔……〕が延長なしに存在しうる」わけではないにもかかわらず、心は色だけを眺め、「延長を除外して色の観念を〔……〕作ることができる」と言う。同様に、バークリの理解する抽象観念説によれば、心は「色と延長の双方を除外して運動の観念を作ることができる」と言う。バークリは抽象観念を形成する心の働きを、さらに別の例をとって、次のように説明する（第八節）。

さらに、心は、感官によって知覚される個々の特定の延長の中に、すべてに共通し似ているなにかと、それらを互いに区別するそれぞれの形や大きさのような、それぞれに特有のものがあることを観察すると、共通のものだけを切り離して考察し、あるいはそれだけを選り出して、それから最も抽象的な延長の観念を作る。それは、線でも面でも立体でもなく、いかなる形もいかなる大きさも持たず、それらすべてからまったく切り離された（prescinded）観念である。それと同様に、心は感官によって知覚される個々の特定の色からそれらを互いに区別するものを取り除き、すべての色に共通するものだけを保持して、赤でも青でも白でもほかのどんな特定の色でもない抽象的な色の観念を作る。そしてまた同じような仕方で、運動する物体だけでなく、それが描く形やあらゆる特定の方向や速さからも抽象されたものとして運動を考察することによって、運動の抽象観念が形成される。それは感官によって知覚されるどんな特定の運動にもすべて等しく対応する。[20]

第七節では、延長から切り離された色の観念や、色と延長の観念から切り離された運動の観念などが例に挙がっていたが、今度は、「線でも面でも立体でもなく、いかなる形もいかなる大きさも持たず、それらすべてからまったく切り離された」延長の観念、「赤でも青でも白でもほかのどんな特定の色でもない」色の観念、「運動する物体だけでなく、それが描く形やあらゆる特定の方向や速さからも抽象された」運動の観念が例として挙げられている。ここでは、さまざまな延長や色や運動の間に「共通し似ているなにか」を見いだし、それだけを取り出すことによって、延長や色や運動の「抽象観念」が作られるとしている。

抽象観念に関するバークリの説明は、さらに次の第九節でも続けられる。これまでの事例は、延長や色など、物の構成要素となるなんらかの「性質」ないし「様態」（物のあり方）の観念であったが、今度は、「人間」と「動物」（すなわちそうしたあり方を持つ物、ロックの言い方では「実体の複合観念」）が例として挙げられる。(21) バークリは次のように言う。

そして、心は、それ自身のために性質ないし様態の抽象観念を作るのと同じように、同じ切り離し（precision）ないし心的分離（mental Separation）によって、いくつかの共在する件質を含むもっと合成的なものの抽象観念を獲得する。例えば、心はピーターやジェイムズやジョンが、形などの性質がともに一致していて互いに似ていることを観察すると、それが持っているピーターやジェイムズなどの個々の人間の複合観念ないし合成観念（complex or compound Idea）からそれぞれに特有のものを取り除き、すべてに共通するものだけを保持する。そして、このようにして、それを規定し特定の存在たらしめるあらゆる事情や差異から完璧に抽象し切り離すことによって、個々のもののすべてが等しく分かち持つ抽象観念（abstract Idea）を作る。そして、こうしたやり方によって、私たちは人間（*Man*）の、言い換えれば、人間性（Humanity）ないし人間本性（Humane Nature）の、抽象観念を得ると言われる。実際、その観念には〔肌の〕色が含まれる。なぜなら、なんらかの色を持たないような人はいないからである。しかし、その場合、それは白でも黒でもどの特定の色でもありえない。なぜなら、すべての人間が分かち持つような特定の色は、存在しないからである。同じように、それには背丈が含まれるが、それは高くも低くもなく、かといって中くらいでもなく、それらすべてから抽象された背丈である。そして、他の事柄についても同じである。さらに、人間の複合観念のある部分を分かち持ちながらすべての部分を分かち持つわけではないほかの生物がたくさんいるので、心は人間に特有の部分を取り除き、すべての生物に共通する部分だけを保持することによって、動物（*Animal*）の観念を形成する。それは、すべての個々の人間だけでなく、あらゆる鳥や獣や魚や虫から抽象されたものである。動物の抽象観念を構成するのは、身体と生命と感覚機能と自発運動である。ここで身体というのは、すべての動物に共通する姿や形はないのであるから、どんな特定の姿や形も持たず、毛や羽毛や鱗などに被われているわけではなく、かといって裸でもないような、身体のことである。毛や羽毛や鱗で被われているとか、そういったものがないとかいったことは、特定の動物に固有の特性であるから、抽象観念から取り除かれる。同じ理由で、自発運動は、歩くこと、飛ぶこと、這うことのいずれであってもならないが、それにもかかわらず、それは運動である。しかし、そういう運動がどんなものかは、容易に考え（conceive）られるものではない(22)。

バークリはここで、「人間」の抽象観念や「動物」の抽象観念がどのようにして作られるかを説明する。いずれも、さまざまな個別のあり方をすべて排除したものと考えられている。例えば「人間」の抽象観念の場合、それは肌の色を持っていなければならないものの、「それは白でも黒でもどの特定の色でもありえない」とされる。「動物」の抽象観念の場合も、それは「身体と生命と感覚機能と自発運動」からなるものの、その身体は「どんな特定の姿や形も持た〔ない〕」ものでなければならないと説明され、自発運動も、「歩くこと、飛ぶこと、這うことのいずれであってもならない」とされる。

6 抽象観念説批判

バークリは、抽象観念説をこのように説明したのち、その批判を開始する。問題は、どのような場合に観念どうしを分離することができるか、そして、どのような場合にそれができないかである。彼は続く第一〇節で次のように言う。

他の人たちが自分の観念を抽象するというこのすばらしい機能を持っているかどうかは、その人たちが最もよくわかっている。私はと言えば、私は確かに、自分が知覚したことのある個々のものの観念を想像（imagine）したり心の中で再現（represent）したり、またそれらをさまざまに組み合わせ（compound）たり分割（divide）したりする機能（Faculty）を持っているのを認める。私は二つの頭を持つ人間や、馬の体に人間の上半身が付いたものを想像することができる。私は手や目や鼻の各々が体の他のすべてから抽象され分離されてそれだけで存在するのを想像することができる。しかし、その場合、私がどんな手や目を想像しようとも、それはある特定の形や色を持たなければならない。同じように、私が心の中で形成する人間の観念は、白いか黒いか黄褐色か、まっすぐであるか曲がっているか、高いか低いか中くらいかの、いずれかの人間の観念でなければならない。私はどれほど頑張って考えようとも、先に述べたような抽象観念を考える（conceive）ことはできない。また、同様に、動く物体とは別の、速くもなく遅くもなく、曲線を描くのでも直線を描くのでもないような運動の抽象観念を作ることは、私にはできない。そして、似たようなことは、他のどんな抽象一般観念についても言えるであろう。率直に言えば、私はある意味において、自分が抽象することができると認める。それは、ある特定の部分ないし性質が他の部分ないし性質から分離されていると考える場合のことであるが、その場合、そのある特定の部分ないし性質は、ある対象において他の部分ないし性質と一つになってはいるものの、それらは実際に、他の部分ないし性質がなくても存在することが可能である。しかし、そのように分離して存在することができない性質を互いに抽象し、分離して考える（conceive）ことができるということ、あるいは、特殊なものから先に述べたような仕方で抽象することによって、一般思念（General Notion）を作ることができるということを、私は否定する。これら二つのことが、抽象（*Abstraction*）の本来の語義である。そして、たいていの人々は私の言うとおりだと認めてくれると思うが、それには理由がある。素朴で、学問とは無縁な大多数の人々は、抽象思念（*abstract Notions*）を持っているとはけっして言わない。抽象思念は、難しくて、骨を折って努力しなければ得られないと言われている。したがって、もしそのようなものがあるとしても、それが得られるのは学者だけだということを、私たちは正当に結論することができる。[23]

このように、バークリは抽象観念説を否定する。バークリにとって、実際に分離して存在することができるものについては、心はそれを他から分離したものとして「考える」（conceive）ことができるけれども、そうでない場合には、彼は一切の分離可能性を否定するのである。

バークリはこうした議論でよく imagine という動詞を用いる。また彼が用いる conceive という動詞も、多くの場合にほぼ間違いなく、imagine と置き換え可能なものとして使用されている。つまり、彼は、抽象観念説を否定するとき、「抽象観念」を、心が想像力によって形成する「心像」とみなし、その心像が他から分離された形で形成できるかどうかを問う。「私は確かに、自分が知覚したことのある個々のものの観念を想像（imagine）したり心の中で再現（represent）したり、またそれらをさまざまに組み合わせ（compound）たり分割（divide）したりする機能（Faculty）を持っているのを認める」という彼の言葉は、彼が心像操作を念頭に置いて議論を進めていることを示している。そうすると、彼が言うように、私たちは「二つの頭を持つ人間や、馬の体に人間の上半身が付いたものを想像することができる」し、「手や目や鼻の各々が体の他のすべてから抽象され分離されてそれだけで存在するのを想像することができる」。けれども、「どんな手や目を想像しようとも、それはある特定の形や色を持たなければならない」。特定の形や色を持たない手や目は想像できない。「私が心の中で形成する人間の観念は、白いか黒いか黄褐色か、まっすぐであるか曲がっているか、高いか低いか中くらいかの、いずれかの人間の観念でなければならない」というのも、心像操作を前提として考える限り、まったくバークリの言うとおりである。それらのいずれでもないような人間の心像は、私たちは作ることができない。心像として抽象観念を考える限り、右の引用箇所に言われるように、先に説明されたようなタイプの「抽象観念」を、私たちはけっして持つことができない。

7　バークリ自身の一般観念説

バークリは、抽象観念否定論の基本的論点をこのような仕方で提示したあと、続く第一一節でロックを取り上げ、彼を批判する。まずバークリは、次のように言う。

抽象説（Doctrine of Abstraction）を擁護するために何が言えるかを検討し、物事を深く考える人々に抽象説のような常識から非常にかけ離れた憶説を抱かせるものが何であるかを明らかにできるかどうか、試すことにする。先頃物故した、当然の敬意を受けている哲学者〔＝学者〕は、抽象一般観念を持つことは知性（Understanding）という点において人間と獣を大きく異ならしめると考えているらしく、そのことによって抽象説に非常に大きな支持を与えていた。彼は次のように言う。「一般観念を持つことは、人間と獣を完全に異ならせるものであり、獣の機能（Faculties）がけっして到達することのない卓越性である。というのも、獣には、普遍的観念（universal Ideas）を表す一般的記号（general Signs）を使用する気配が明らかに見いだせないからである。そこから私たちは、獣は抽象する機能（Faculty of *abstracting*）もしくは一般観念を作る機能を持っていないと想像することができる。というのも、獣は言葉をはじめとする一般的記号を使用しないからである」(24)。

バークリの言う「先頃物故した、当然の敬意を受けている哲学者」とはロックのことである。実際、右の箇所に続けてさらにバークリはロックからの引用を行うのであるが、彼はその区切り目で二度、ロックの『人間知性論』の箇所を明示している[25]。

すでに一つ前の節（第一〇節）で、バークリはロックの言うような（と彼が理解している[26]）「抽象観念」がありえないことを論じていた。けれども、右の引用箇所でバークリが引用しているロックの言葉にあるように、人間は「一般的記号」、例えば「延長」とか「色」とか「人間」とか「動物」とかいった言葉を使用する。ロックは、こうした言葉が機能するのは、それらが延長の一般観念とか色の一般観念とか人間や動物の一般観念とかを表すからだと考え、しかも、そうした一般観念は抽象によって作られるとする。そこで、ロックの場合、一般観念は抽象による観念つまり「抽象観念」と考えられ、そのため「一般抽象観念」とか「抽象一般観念」とかいった言い方をすることもある。バークリは、先に見たように、ロックの言う「抽象観念」を心像と捉える観点から、抽象観念はありえないとする。そうすると、私たちが使っている「一般的記号」がどのようにして機能するかを、ロックとは異なる仕方で（すなわち一般抽象観念に言及することなく）説明しなければならなくなる。この問題が、まさしくこの第一一節の後半部分で論じられる。

バークリは、これについて、次のように言う。

〔ロックは問う、〕「存在するものはすべて特殊なもの〔Particulars 他とは異なる個々のもの〕でしかないのだから、私たちはどのようにして一般名辞〔右に言う「一般的記号」〕を得るのか」。彼の答えはこうである。「言葉は一般観念の記号とされることによって一般的なものとなる」。『人間知性論』第三巻第三章第六節。しかし、言葉が一般的なものになるのは、抽象一般観念（abstract general Idea）の記号とされるからではなくて、さまざまな特殊観念（particular Ideas）の記号とされ、しかも、その言葉がそれらの特殊観念のいずれかを無差別に心に示唆することによってであると思われる。例えば、「運動の変化は加えられる力に比例する」とか「延長を持つものはすべて分割可能である」とか言われるとき、これらの命題は運動一般や延長一般についてのものと理解されるが、だからといって、これらの命題が私の思考に、運動する物体や特定の方向や速さを持たない運動の観念を示唆するとか、私は、線でも面でも立体でもなく、大きくも小さくもなく、黒くも白くも赤くもなく、他のどのような特定の色も持たないような延長の抽象一般観念を考え（conceive）なければならないとかいったことが帰結するわけではない。私がどんな運動を考察しようと――速い運動であろうと遅い運動であろうと、垂直の運動であろうと水平の運動であろうと斜めの運動であろうと、どんな対象の運動であろうと――運動についての公理が等しく当てはまるということが、含意されているにすぎない。もう一つの公理についても同じである。すなわち、それはどんな特殊な〔個々の〕延長についても等しく真であり、線であろうと面であろうと立体であろうと、どんな大きさや形のものであろうともそうなのである。[27]

観念を感覚や心像と考えるバークリは、存在する観念はすべて特殊（個々それぞれに異なるもの）でしかないことを前提とする。そのため、一般的記号として働く言葉は「特殊観念」しか表していないと言う。しかし、その言葉は特定の特殊観念のみを表すのではなく、「さまざまな特殊観念」を「無差別に心に示唆する」ことによって、一般的記号として働くと言う。つまり例えば「運動の変化は加えられる力に比例する」という命題においては、「運動」という言葉はその都度なんらかの特定の特殊観念を表すものの、一つの特定の観念のみを表すのではなくて、例えば垂直の速い運動の観念を表したり斜めの遅い運動の観念を表したりといったように、さまざまな観念を「無差別に」表すことができ、そのため、特定の一つの運動の観念だけではなくて「運動」と呼ばれる個々の観念全般を表すという仕方で一般的なものとして機能すると言うのである。

バークリは、自身のこの見解を、続く第一二節でさらに具体的に説明する。

観念がどのようにして一般的なものになるかを観察することによって、私たちは言葉がどのようにして一般的なものになるかをよりよく判断することができる。そして、ここで注意していただきたいのだが、私はけっして一般観念が存在することを否定しているのではなく、ただ抽象一般観念（*abstract general Ideas*）があるということだけを否定している。というのも、右に引用した一般観念に言及している箇所では、一般観念は、第八節と第九節で説明したような仕方で、抽象（*Abstraction*）によって作られると、常に想定されているからである。ところで、もし私たちが自分の言葉に意味を付与し、自分が考える（conceive）ことのできるものだけについて語ろうとするなら、それ自身としては特殊でしかない観念が一般的なものになるのは、同じ種類の他の特殊観念のすべてを代表（represent）し代理（stand for）するようにされているからだということを、私たちは認めるであろう。これをわかりやすくするため、例を挙げよう。幾何学者が直線を二等分する方法を論証しようとしているとせよ。その人は、例えば、一インチの長さの黒い直線を引く。この直線は、それ自体としては特殊だが、それにもかかわらずその役割に関しては一般的である。というのも、その場合のその直線の用法においては、それはさまざまな特殊な直線のすべてを代表するからである。そのため、それについて論証されることは、あらゆる直線について、言い換えれば直線一般について、論証されるのである。そして、その特殊な直線が記号とされることによって一般的なものとなるように、それ自体としては特殊な「直線」という名前が、記号となることによって一般的なものになる。そして、特殊な直線が一般性（Generality）を持つのは、それが抽象的直線ないし一般的直線の記号だからではなく、ありとあらゆる特殊な直線のすべてにとっての記号だからであるように、「直線」という名前は同じ根拠から、すなわち、それがさまざまな特殊な直線を無差別に表示することから、その一般性を引き出すと考えなければならない(28)。

バークリの議論は、あくまで、存在する観念は感覚であれ心像であれ特殊なものでしかないことを前提とする。右の引用箇所の事例では、一インチの長さの黒い直線が、あらゆる直線の代表としての役割を担う。そのため、その直線について論証されることは、その直線が代表するあらゆる直線に当てはまると議論は進む。「直線」という名前も、それがありとあらゆる特殊な直線を表示することから、一般的な名前として使われると言う。

8　ロックの「三角形の抽象観念」説批判

こうしてバークリは、自身の一般観念説を提示したあと、第一三節では、ロックが『人間知性論』で三角形の一般観念を論じた箇所（『人間知性論』第四巻第七章第九節）を引用して、再度ロック批判を行う。バークリが引用したロックの言葉を、バークリが引用した形のままで引用する[29]。

> 抽象観念は、子どもや未訓練の心にとっては、特殊観念ほど明瞭でも容易でもない。もしそれらが大人には明瞭で容易なものに見えるとすれば、それはただ、絶えず使い慣れてそうなったからである。というのも、それらを綿密に反省すれば、一般観念が心の虚構であり案出物であって、困難を伴い、私たちが想像しがちなほど容易には出てこないことがわかるからである。例えば、三角形の一般観念（これはまだ最も抽象的、包括的な、最も困難なものではないが）を形成するには、いくらかの苦労や技量が必要ではないだろうか。なぜなら、それは、斜角三角形と直角三角形のいずれであってもならず、また、正三角形、二等辺三角形、不等辺三角形のいずれであってもならず、同時にそれらのすべてでありかつどれでもないものでなければならないからである。実際、それは、存在しえない不完全ななにかであり、いくつかの異なる両立しない（*inconsistent*）観念のある部分が一つになった観念である。なるほど、この不完全な状態にある心は、そのような観念を必要とし、できるだけ急いでそれらを手にしようとするが、それは、知識の伝達（Communication）と拡大

(Enlargement) のためであり、心はこれら二つに向かう大きな傾向をもともと持っている。しかし、そのような観念は私たちの不完全さの印ではないかと疑うべき理由がある。少なくともこのことは、最も抽象的で一般的な観念は、心が最初に最も容易に親しむ観念でも、心の最も初期の知識が関わるものでもないということを示すに十分である。[30]

バークリはロックをこのように引用したあと、次のように述べる。

もしここに述べられているような三角形の観念を自分の心の中に形成する機能を持つという人がいるなら、その人を論駁してそれを捨てさせようとしても無駄であるし、私はそんなことをするつもりはない。私はただ読者に、ご自身がそのような観念を持つかどうかを、十分にかつ確実に調べてほしいと思うだけである。これは誰にとっても難しい仕事ではないはずだと私は思う。人が自分の思考を少し調べて、三角形の一般観念についてここで述べられていること、すなわち、斜角三角形と直角三角形のいずれでもなく、正三角形、二等辺三角形、不等辺三角形のいずれでもなく、同時にそれらのすべてでありかつどれでもないということに対応するような観念を持っているかどうか、あるいは持てるようになるかどうか試してみることほど容易なことがあろうか。[31]

右のバークリ自身の言葉で、先ほどのロックからの引用がどのように使われているかは明白であろう。バークリによれば、ロックは三角形の抽象観念という、ありえない観念について語っているのである。

ところで、右のロックからの引用箇所で、ロックは、抽象観念が「知識の伝達と拡大のため」に必要であると説いている。バークリはこの件について、抽象観念は知識の伝達にとっても拡大にとっても必要ではないということを、続く第一四節と第一五節で説く。彼は、ロックが「一般観念が心の虚構であり案出物であって、困難を伴い、私たちが想像しがちなほど容易には出てこない」と言っていること、そして、「三角形の一般観念（これはまだ最も抽象的、包括的な、最も困難なものではないが）を形成するには、いくらかの苦労や技量が必要ではないだろうか」と言っていることを取り上げ、ロックの言う抽象観念が知識の伝達に必要ではないことを、第一四節の後半で次のように説明する。

それでは、人々がその困難を克服して〔抽象観念という〕言葉を交わすのに欠かせない助けとなるものを手に入れるのはいつのことなのか。それは、大人になったときではありえない。というのも、そのときには、人々はそんな労苦を意識していないように見えるからである。そうすると、残るのは、子どものときである。確かに、抽象思念を形成するという、きりのない大仕事は、年端のいかない子どもにとっては骨の折れる仕事になるであろう。二人の子どもがキャンディーやガラガラなどのおもちゃについて語れるようになるのは、まず、数え切れないほどの両立しないもの（Inconsistencies）をつなぎ合わせて自分の心の中に抽象一般観念を形成し、それを彼らが使う共通名（common Name）の一つ一つに付与したあとであると想像するのは、難しいことではないか。[32]

もとより、ロックが言うように、抽象観念を作るのに「苦労や技量」が必要だとすれば、しかもバークリが言うように、それがありえない観念を作ることだとすれば、幼い子どもたちが「抽象観念」を形成し、それが「知識の伝達」を助けるというのは、考えづらいことになる。

また、抽象観念が「知識の拡大」に必要ではないという件については、バークリは続く第一五節で次のように論じる。

> また私は抽象一般観念が知識の伝達にとって必要でないのとまったく同じように、知識の拡大にとっても必要ではないと思う。もちろん、あらゆる知識と論証は普遍的思念に関するものであるということは多々力説された論点であり、私はそれに全面的に同意する。けれども、それらの思念が先に述べたような仕方で抽象によって作られるとは、私には思えない。[33]私の理解しうる限り、普遍性（*Universality*）というのは、なんらかのものの絶対的、積極的な本性ないし想念にあるのではなくて、そのものが表示し代表するところの特殊なものたちに対してそのものが持つ関係にあり、その関係によって、事物であれ名前であれ思念であれ、それ自身の本性において特殊なものが、普遍的なものになるのである。例えば、私が三角形についてのなんらかの命題を論証する場合、私は三角形の普遍的観念を眺めているとされるが、それは私が等辺でも不等辺でも等脚でもない三角形の観念を形成できると理解されてはならず、ただ、私が考察する特殊な三角形は、それがどのような種類の三角形であるかにかかわらず、直線からなるあらゆる三角形を等しく代理し代表するのであ

り、その意味において普遍的である、と理解されなければならない。このことはすべてきわめて明白であり、そこにはいかなる困難も含まれていないと思われる(34)。

ここに言う「知識の拡大」は、ある特定のものについて知られることが、その種のものすべてについても知られるということであるが、バークリによれば、「抽象」によって作られる観念がその拡大を担うということはありえない。すでに言われているように、特定の（「特殊」な）観念が同種の個々の観念の代表として使われることによって、右に述べた意味での「知識の拡大」が図られると彼は考える。ありもしない「抽象観念」に訴えるのではなく、特殊観念が同種の他の観念の「代表」として普遍的・一般的に機能するとする点に、バークリの議論の核心がある。

9　さらなる説明

バークリは、このように議論を進めたあと、自説に対して提起されるであろう疑問に答えるべく、次のような問いを第一六節において提示する。

しかし、ここで次のように問われるであろう。ある命題がすべての特殊な三角形について真であるとわかるためには、あらかじめその命題が、すべての三角形と等しく一致する三角形の抽象観念についてて論証されるのを知る以外にはないのではないか、と。なぜなら、ある特性がある一つの特殊な三角形に当てはまることが論証されたからといって、そこからその特性が、あらゆる点においてそれと同じというわけではない他の三角形にも同様に帰属することは、帰結しないからである。例えば、二等辺直角三角形の三つの角が二直角に等しいことを論証したからといって、そこからこの特質が直角三角形でも二等辺三角形でもない他のすべての三角形に当てはまると結論することはできない。したがって、この命題が普遍的に真であることを確信するには、すべての特殊な三角形を一つ一つ取り上げてそれぞれに論証を行うか、すべての特殊な三角形に等しく共有されそれらすべてを代表するところの三角形の抽象観念について、それを一挙に論証しなければならない。けれども、前者は不可能である。〔したがって、後者しかないではないかと言うのである。〕[35]

バークリは、みずから提起したこの問いに対して、第一六節後半で、次のように答える。

これに対して、私は次のように答える。私がその論証を行う間眺めている観念は、例えば二等辺直角三角形の観念であって、その辺は特定の長さを持っている。けれども、それにもかかわらず、私はその論証が、どのような種類のどのような大きさの三角形であろうと、他のすべての直線からなる三角形に及ぶことを、確信することができる。なぜかと言えば、その論証においては、一つの角が直角であることも、二辺が等しいことも、辺が特定の長さを持つことも、まったく考慮されていないからである。確かに、私が眺めている図はこれらの特殊なあり方をすべて含んでいるが、その命題の証明においてそれらに言及することはまったくない。三つの角の一つが直角だからとか、その角を作っている二辺の長さが同じだからとかいった理由で、三つの角の和が二直角に等しいと言われているわけではない。そのことが十分に示しているように、直角は斜角であってもよかったし、三つの辺は不等辺であってもよかったのであり、にもかかわらずその論証は妥当なものであった。そして、私がある特定の直角等脚三角形について論証したことが、どんな斜角三角形や不等辺三角形についても真であると結論するのはこの理由からであって、三角形の抽象観念についてその命題を論証したからではない(36)。

バークリのこの答えは明快である。私たちが幾何学の証明を行っているとき、見ている図形、例えば三角形の図形は、辺や角が特定の大きさを持つ特殊なものであり、また特殊なものでしかありえないが、私たちは例えば「三角形の内角の和は二直角である」を証明するとき、自分が見ている特殊な三角形の特殊なあり方（例えば一つの角が直角であるとか、二辺の長さが同じであるとか、辺の長さが何センチメートルであるとか）は考慮せずに証明を行っている。したがって、その結論は、その証明を行っているときに見ている特殊な三角形に対してだけでなく、およそ三角形たるものすべてについて妥当すると言う。つまり、ここには、バークリがありえないと考えている三角形の「抽象観念」の出番はなく、そうした抽象観念について証明するのでなければ三角形一般についてある命題を証明することはできないとするのは誤りであると、彼は言っているのである。

10　抽象観念説の起源について

バークリはこのあと、「序論」第一七節で、「抽象観念」説がどれほど広範に問題を引き起こしているかを述べ（但し、問題を具体的に挙げることはしない）、続けて第一八節以下で、それがどこから出てきたのか、その起源は何なのかを論じる。バークリによれば、その起源は「言語」（Language）である。これについて、彼は次のように言う（第一八節）。

〔抽象観念説の起源が言語であること〕は、抽象観念の最も強力な擁護者たちが率直に告白している。抽象観念は命名のために作られることを、彼らは認める。そのことから、もし発話（Speech）とか普遍的記号（Universal Signs）とかいったものがなかったとしたら、抽象を考えることもけっしてなかったということが、明らかに帰結する。(37)

バークリはここでその事例としてロックの『人間知性論』第三巻第六章第三九節その他を参照するよう指示し、どうして抽象観念が存在すると考えられるようになったかを次のように説明する。

言葉がその誤り〔抽象観念説〕の形成にどのように貢献したかを検討しよう。まずは、どの名前もただ一つの、他とは明確に区別される定まったものを表示しあるいは表示すべきであると考えられ、それによって人々は、ある抽象的な特定の観念があり、それぞれの一般名が本当に直接表示しているのはその観念だけであると考えるようになる。さらに人々は、一般名はこの抽象観念を介して特殊な物を表示するようになると考えるようになる。だが本当は、一般名に付与されそれによって表示される、一つの、他とは明確に区別される一定のなにかといったようなものはなく、一般名はみな、多数の特殊観念を無差別に表示している(38)。

バークリによれば、どの名前も特定の定まったものを表示しているというのが抽象観念説の出発点である。一般名の場合、それは特殊なものを表しているわけではないから、抽象観念なるものが考えられる。けれども、これまで説明されてきたように、バークリによれば抽象観念といったようなものはなく、一般名は「多数の特殊観念を無差別に表示している」だけである。

第一八節の最後の部分で、バークリは興味深い指摘をする。それは、一般名（この箇所では単に「名前」［Name］と言っている）の「定義」と、それが表す「観念」の区別に関するものである。彼は次のように言う。

これに対して、定義を有するすべての名前はその定義によってある一つのものだけを表示するよう拘束されているという反論があろう。例えば「三角形」は、「三つの直線によって囲まれた平面」（*plain Surface comprehended by three right Lines*）と定義される。その定義によってその名前はある一つの観念を表示し、他の観念は表示しないよう制限されている［と言うのである］。それに対して私は次のように答える。定義においては、その平面が大きいとも小さいとも黒いとも白いとも、辺が長いとも短いとも等しいとも等しくないとも、それにまた、辺が互いにどのような角度をなしているかも、言われない。それらの事柄はいずれにおいても非常に多様でありえ、したがって、「三角形」という言葉の表示を制限する一つの確定した観念というものは存在しない。名前の定義を常に同一に保つことと、名前に徹頭徹尾同じ観念を表示させることは、別のことである。前者は必要なことだが、後者は無益で実行不可能である(39)。

バークリが、一般名の定義は同じにしておかなければならないが、名前に常に同じ観念を表示させることは無益であり実行不可能であると言っていることについては、ここでは立ち入らないものの、のちに（本書第7章で）バークリの抽象観念説批判を検討する際に重要な手掛かりとなる。私見によれば、バークリの抽象観念説批判と彼の一般観念説は、総じて根本的な誤解と独断に基づいている。それらについての具体的な考察は、第7章でまとめて行う。

バークリは、抽象観念説の起源を言語に求め、一般名を説明するためにそれが表す抽象的な観念が必要とされたと論じるのに続き、続く第一九節では、言葉がどのようにして抽象観念説を生むかについて、さらに説明を加える。彼は次のように言う。

言葉がどのようにして抽象観念説を産み出すようになるかをさらに説明するには、言語は私たちの観念を伝達することを唯一の目的としているのであり、なにかを表示する名前はすべて観念を表示するという憶説が広く受け入れられていることに留意しなければならない。この憶説の言うとおりだとして、しかも、なにかを表示すると思われている名前が必ずしも心像的（conceivable）特殊観念を表すとは限らないことが確かであれば、それらは抽象思念を表わすという結論に至るのは必定である。思索を行う人々の間では多くの名前が使用されるものの、それらが必ずしも他の人々に特定の特殊観念を示唆するわけではないことは、誰も否定しないであろう。そして、少し注意すればわかることだが、観念を表示する名前が、使われるたびごとに、それが表示することになっている観念を知性の中に引き起こす必要は（最も厳密な推論を行っているときでさえ）ない。つまり、読書や談話においては、名前はたいていの場合、文字が代数で使われるのと同じような仕方で使われる。代数ではそれぞれの文字によって特殊な量が表されるものの、演算を正しく進めるために、一つ一つのステップにおいてそれぞれの文字がそれが表示することになっている特殊な量を思考に示唆する必要はないのである(40)。

つまり、本来なら一般名は特殊観念を表示するしかないものの、その特殊観念を必ずしも常に現実に表示するとは限らず、そこで、特殊観念ではない抽象観念があると思い込まれることになるというのが、バークリの考えである。

言を行う。

11　観念を伴わない言語使用

バークリのこうした興味深い発言は、さらに第二〇節でも続く。彼は、「観念の伝達」だけが言語の目的ではないと主張し、J・L・オースティン以来の現代の「発話行為論[41]」を先取りするような発言を行う。

さらに言えば、言葉によって表される観念を伝達することが、言語の主要な唯一の目的だと一般に思われているが、それは間違いである。〔言語には、〕なんらかの感情を引き起こしたり、行動を起こさせたり控えさせたり、心をある特定の気分にさせたりするような別の目的がある。そうした別の目的にとっては、観念を伝達することは多くの場合単に補助的なことにすぎず、言語の慣れ親しんだ使用においては往々にしてそうであろうが、それなしに他の目的が達成できる場合には観念の伝達がまったく行われないこともある。私は読者がご自身で反省し、話を聞いたり読んだりするとき、ある言葉を知覚するとすぐ心の中に、いかなる観念も介在することなく、恐れ、愛、憎しみ、賞賛、軽蔑などの感情が生じるといったことがしばしば起こらないか、見てほしいと思う。確かに、最初は言葉が、それらの情動を生み出すのに適した観念を引き起こしたかもしれない。しかし、もし私が間違っていなければ、ひとたび言語に慣れ親しんでしまうと、しばしば、音声を聞いたり文字を見たりするだけですぐにそれらの感情が伴われる。そうした感情は最初は観念が間に入ることによって産み出されるのが常であるが、今やまったくそれなしにことが進む。例えば、私たちは、「いいものをあげよう」と約束されたら、そのいいものの具体的な観念を持たなくても、心を動かされないだろうか。あるいは、「危ない」と言われたら、具体的にどんな悪いことが自分に降りかかるかを考えたり、ましてや抽象的な危険の観念を心に形成したりしなくても、それだけで恐怖を感じるのではないか。自分の心の中にある観念を聞き手の心の中に生じさせるための観念の印として一般名を使うつもりが話し手になくても、それがしばしば言語として適切に使用されていることは、これまで述べたことを少しでも自分で反省してみれば、明らかであろう。固有名（proper Names）そのものでさえ、それが表すはずの個々人の観念を私たちに見させるつもりで語られているのでは必ずしもないようである。例えば、あるスコラ哲学者が「アリストテレスがそう言った」と私に言うとき、その人が意図しているのは、久しくその名前に添えられてきた敬意と恭順の念をもって自分の憶説を受け入れる気にさせることだけだと私は思う。そしてこの効果はその哲学者の権威を鵜呑みにしてきた人々の心の中にたちどころに産み出され、そのため、アリストテレスの容貌や著作や評判の観念が先に産み出されることはありえないほどである。この種の事例は数え切れないほど挙げることができるであろう。だが、こうした事例は誰でも豊富に経験していることであるから、私がそれらについてこれ以上くどく言う必要はないであろう[42]。

　このようにバークリは、「一般名」でも「固有名」でも、「いかなる観念も介在することなく」、「なんらかの感情を引き起こしたり、行動を起こさせたり控えさせたり、心をある特定の気分にさせたりする」ことが多々あることを論じる。もとより、ここで彼が言う「観念」は、心像的なものである。もとは観念が媒介となってそうしたことを人にさせたのであろうが、やがて言葉を聞くだけで、観念を心の中に喚起することなくそうしたことが成立すると、バークリは言う。

12 抽象観念説批判の総括

こうして、バークリは、そもそも「抽象観念」は存在しない上に、言葉が表示するはずの特殊観念も、必ずしも読書や談話においてそれが伴われることはないと言い、これで抽象観念説批判を終える。そして、続く第二一節で、それを次のように総括する。

これまで私たちは抽象観念が不可能であることを示してきた。私たちは抽象観念を擁護する最も有能な人々がそれを擁護するために言ってきたことを考察し、抽象観念がなければ遂行できないとされている目的を遂行するのにそれが役に立たないことを示そうとした。そして最後に、私たちは抽象観念の源泉をたどったのであるが、その源泉は、言語だと思われる。言葉が優れた効用を持つことは否定できない。その効用は、あらゆる時代、あらゆる国の好奇心旺盛な人々が力を合わせて手に入れた知識の蓄えを、一人一人の人間が言葉を手段としてすべてにわたって眺め所有することができるところにある。しかし同時に、知識の大半が、言葉の濫用と、知識を伝える際に一般的な話し方をすることとによって、おかしなほどに紛糾し曖昧になることを、私たちは認めなければならない。したがって、言葉が知性を欺きがちである以上、どのような観念を考察する場合でも、長い間絶えず使ってきたため観念としっかりと結びついている名前を、できるだけ自分の思考から排除し、観念をありのまま見るように努めよう。そうすることによって、私は次のような利点を引き出すことができるであろう。(43)

つまり、バークリは、言葉に惑わされずに、観念（すなわち感覚や心像）をあるがままに眺めよと言うのである。それによってどのような利点が引き出されるのか。それは、続く第二二節で、次のように説かれる。

まず、純粋に言葉の上での論争はすべて回避されるであろう。その〔純粋に言葉の上での論争という〕雑草がほとんどすべての学問にはびこることが主たる原因となって、真の健全な知識の成長が妨げられてきた。第二に、これ〔名前を排除して観念をありのままに見ること〕が、あの抽象観念の細かい巧妙な網から逃れる確かな方法だと思われる。その網は、人々の心を見る影もなく混乱させ当惑させ、しかも、人の知性が繊細で知識欲旺盛であればあるほど、人はその網に深くかかりやすく、また逃れにくいという特徴を持つ。第三に、言葉をはぎ取って観念だけに思考を限定する限り、容易に間違いを犯すことなどありえようか。私は、自分が考察する対象を、明晰かつ十全に知る。私が、思い違いをして、持っていない観念を持っていると考えることはありえない。自分が持ってい る観念が、本当はそうではないのに、似ているとか似ていないとか想像することはありえない。観念の間にある一致や不一致を識別し、複合的な観念の中に、どの観念が含まれどの観念が含まれていないかを知るためには、自分の知性の中に去来するものを注意深く知覚する以外には、なにも必要ではない[44]。

確かに、次章で見るように「人間の知識の対象」が（感覚や心像のような）観念であるなら、名前を排して観念そのものをよく観察することこそが、「真の健全な知識の成長」のための道であることになろう。この件についてバークリは、さらに第二三節で次のように言う。

しかし、これらの利点のすべてを手にするには、言葉の欺瞞から完全に解放される必要があるが、それを期待する気にはなかなかなれない。言葉と観念の結びつきのように、あれほど早い時期に始まり、あれほど長い間の習慣によって確立されてしまった結びつきを解消するのは、並大抵のことではない。その難しさは、抽象説によってますます強められてきたと思われる。というのも、自分の言葉に抽象観念が付与されていると人々が考える限り、人々が観念の代わりに言葉を使うのはおかしなことではないと思われるからである。言葉を捨て、それ自身まったく想像することのできない（inconceivable）抽象観念を心に留めることなど、できるはずがないからである。物事を考えるにあたって言葉の使用を全面的にやめ、あるがままの観念を眺めるよう他の人々にあれほど強く勧めてきた人々が、なぜそれを自分で実行できなかったのか、その主たる理由はここにあると私は思う。最近多くの人々が、言葉の濫用から生じるばかげた臆説や無意味な論争に、大変敏感になってきた。そして、これらの悪弊を正すため、表示される観念に注意を向け、観念を表示する言葉には注意を向けないのがよいと忠告する。しかし、彼らが他人に与えてきたこの忠告がいかに良いものであろうと、言葉の唯一の直接的な使い方が観念を表示することであり、どの一般名もそれが直接表示するのは特定の抽象観念であると彼らが考える限り、自分ではその忠告を重んじることができないのは明らかである(45)。

バークリの趣旨は一貫している。言葉に注意を向けず、言葉が表示する（感覚や心像のような）観念そのものを見よ、但し、抽象観念は存在しないので、それに注意を向けようとしても無駄であり、それに引きずり回されないようにせよ、と言うのである。

バークリは第二四節で再度この点を次のように強調する。

しかし、こうしたことが間違いだとわかれば、言葉によって欺かれないようにするのはたやすいことであろう。自分が特殊観念しか持っていないことがわかれば、名前に付与された抽象観念を見つけてそれを心に持とうなどと無駄に思い煩うことはないであろう。そして、名前が常に観念を表しているわけではないことがわかれば、持つべき観念がないところでそれを見つけようと骨を折らずにすむことになる。したがって、判断を曇らせ注意をそらす大きな原因となるあの言葉という邪魔な装いをすべて自分が考察する観念から取り払い、観念をはっきりと見るよう最大限努めることが、すべての人に望まれる。自分の視野を天にまで拡張しようとしたり、地の内部をのぞき込もうとしたりしても無駄なことであり、学識ある人々の著作を調べ、古代人の曖昧な足跡をたどっても無駄である。最も美しい知恵の木を眺めるには、言葉の幕を取り払うだけでよい。その実は見事なもので、それは私たちが手を伸ばせば届くところにある。(46)

そして、最後に第二五節で次のように述べて、バークリはこの「序論」を終えている。

もし私たちが知識の第一の諸原理から言葉による妨げや幻惑を払拭するよう心を配らないとしたら、私たちは言葉に基づく推論を、なんの益するところもなく、限りなく続けることになるだろう。私たちは、帰結から更なる帰結を引き出すことはできるが、少しも賢くなることはない。私たちは、遠くまで行けば行くほど、それだけひどく道に迷って取り返しがつかず、困難や誤りにより深く巻き込まれてしまう。したがって、以下の論考を読もうとされる方には、私の言葉をきっかけとしてご自身で考えられ、私がそれらの言葉を書き記す際に持っていたのと同じ一連の考えを、私の言葉を読みながら獲得されるよう努めていただきたいと思う。これによって読者は、私の言うことが正しいか間違っているかを、容易に判断していただけるであろう。読者は私の言葉に欺かれる危険をすべて免れるであろう。ご自身の率直なありのままの観念を考察されるなら、それによって誤りに陥ることなどありえないと私は思う。(47)

「序論」におけるバークリの議論は以上である。彼は、『原理』の目的は、何も知ることはできないとする懐疑論と、無神論や無宗教を排することにあるとし、また、私たちに道を誤らせるありもしない抽象観念を否定するとともに、知識の対象である（感覚や心像などの）観念から言葉をはぎ取り、観念をあるがままに見ることによって真理に至ることを、私たちに求めるのである。

第2章　誤読を解く
――「エッセ・イズ・ペルキピー」は物質否定論の核心部分ではない

はじめに

ジョージ・バークリの物質否定論の解釈の歴史は、そのかなりの部分が誤読の歴史である。多くの人々が、『原理』第一部第三節に出てくる「エッセ・イズ・ペルキピー」をもって、バークリの物質否定論の核心と見たからである。

「エッセ・イズ・ペルキピー」(*Esse is Percipi*)、「存在するということは知覚されるということである」。この言葉はバークリの名とともに、あまりにも広く知られることとなった。しかし、バークリの書物が、デカルト以来の観念説の系譜が示す具体的な議論の脈絡の中で精緻に読まれていたなら、右のような誤読はありえなかったはずである。そして、そのことは、かえって、西洋近代観念説が断片的にしか理解されてこなかったことを示している。

バークリがダブリンのトリニティー・コレッジ（アイルランドのことなので「コレッジ」としておく）に入学したとき、そこではジョン・ロックの『人間知性論』の研究が奨励されていた。バークリも『人間知性論』を熱心に研究した一人であり、彼の『原理』は基本的にロックの観念説のある重要な部分を基盤としている。そして、そうしたバークリとロックの思想的連関を念頭に置くなら、バークリの「存在するということは知覚されるということである」がロック的観念説の一つの面にすぎず、そのテーゼは、バークリの物質否定論の重要な基盤ではあっても、それ自体いまだその核心部分ではないことは、容易に知られるところであった。

第1章でも述べたように、『原理』第一部は大きく三つの部分からなる。まずは第一節から第三三節に至る部分で、バークリはそこで物質否定論（観念論）の基本論理を一気に説いてみせる。続く第三四節から第八四節では、そうした自身の物質否定論に対する多数の反論をみずから提示し、それに答える。そして、最後の第八五節から第一五六節では、みずからの物質否定論からどのような有益な帰結が引き出されるかが論じられる。その第一節から第三三節に至る『原理』の核となる部分のうち、第一節から第七節までの、「存在するということは知覚されるということである」を含む部分は、バークリの物質否定論にとって不可欠のものではあるが、それは、実質的には、ロックの見解から自説に必要な部分だけを分離して、その要点を読者に確認させるものにすぎない。

バークリの物質否定論のより良き理解のために、本章では、まず、「エッセ・イズ・ペルキピー」すなわち「存在するということは知覚されるということである」をもってバークリの物質否定論の核心とする従来の解釈を退ける。そのため、以下では、彼の文言をすべて引用しながら、バークリが

「第一部」第一節から第七節でどのような議論を行っているかを確認する。

「第一部」第一節から第七節までのバークリの議論は、

㈠　知識の対象は「観念」である

㈡　観念を知覚するものとして「心」が存在する

㈢　観念は心が知覚することによって――言い換えれば心によって知覚されることによって――存在する

の三点を押さえることにある。また、

㈣　「心によって知覚されること」は、「心の中に存在すること」にほかならない

ということも、ここで確認される。以下では、右の四点につき、バークリがそれをどのように主張しているかを見るとともに、それがどのような意味でロックの見解を踏襲するものであるかを明らかにする。

1　人間の知識の対象（I）——感覚

『原理』第一部は、いきなり「人間の知識の対象」（the Objects of Humane Knowledge）が「観念」（Idea）であるという主張、つまり右に言う㈠の主張から始まる。バークリはその第一節冒頭で、次のように言う。

誰であれ、人間の知識の対象を調べる者にとっては、それが、感官に現実に刻印された観念であるか、そうでなければ心の受動（Passions〔感情〕）[5]や働きに注意を向けることによって知覚されるそうしたものか、最後に、もともと今述べた仕方で知覚されたものを、記憶や想像力の助けによって、複合したり分割したり単に再現したりして形成される観念であるかのいずれかであることは、明白である。[6]

バークリがまず挙げるのは、「感官に現実に刻印された観念」（Ideas actually imprinted on the Senses）、つまり、五感の働きによって私たちが感じる感覚である。彼はこれを具体的に説明するため、続けて次のように言う。

視覚によって私はさまざまに異なる度合い[7]や差異を持つ光や色の観念を持つ。触覚によって私は例えば、硬さや軟らかさ、熱さや冷たさ、運動や抵抗を知覚するとともに、これらすべてについて、量や度合いの大小を知覚する。嗅覚は私に匂いを与え、味覚は味を与え、聴覚は音を、そのあらゆる音色と組み合わせのもとに、心にもたらす。[8]

このように、バークリは視覚、触覚、嗅覚、味覚、聴覚という五感のすべてを挙げ、それらが「感官に現実に刻印された観念」――すなわち多様な感覚――を私たちの心にもたらすことを明言する。さまざまな光や色。その量もしくは度合いの大小を問わず、多様な硬さや軟らかさ、熱さや冷たさ、運動や抵抗。そして、匂いと味。最後に、さまざまな音色と組み合わせにおいて現れる音。こうした諸種の感覚としての観念が、バークリにとって、「人間の知識の対象」の第一の種類をなす。

バークリは、感官によって得られるこうした感覚としての観念が、実際には、しばしば、ばらばらではなく組み合わさって現れることを承知している。これは、ロックがかつて『人間知性論』において表明していたことを意識してのことである。例えばロックは次のように言う。

単純観念はさまざまな組み合わせのうちに一緒に合一されて存在するのが観察される〔……〕。[9]

心には、外部の物に見いだされるような、感官がもたらす単純観念や、心自身の働きについての反省がもたらす単純観念が、おびただしく備えつけられるのであるが、そのとき心は、これらの単純観念のある数のものが常に一緒に現れることにも気づく。[10]

人々は、ある性質が常につながってともに存在しているのを観察するので、この点において自然を模写し、そのように合一された観念から実体の複合観念を作った(11)。

ここにロックが言う「単純観念」は、日常私たちが「外部の物」とみなしているものについて言われる場合、基本的には現に今感覚的に知覚されている「物」の、それを構成している色や形など、それぞれに区別可能な一つ一つの感覚を意味している。バークリは、こうしたロックの『人間知性論』での指摘を承けて、先の引用箇所に続けて次のように言う。

そして、これらのいくつかが相伴って現れるのが観察されると、それらは一つの名前で呼ばれ、したがって一つの物とみなされるようになる。こうして、例えば、ある色、味、匂い、形、硬さが一緒に現れることが観察されると、それらは一つの、他のものとは区別されるものとみなされ、「リンゴ」という名前で表示される。別の観念の集合体は、石や木や本といった可感的な物を構成する(12)。

このように、バークリもまた、感覚としての観念のいくつかが「一緒に現れる」ことが観察されると言う。例として挙げられている「リンゴ」は、バークリによれば「色、味、匂い、形、硬さ」といった「観念」の「集合体」(Collection of Ideas)であり、この点は、「石や木や本」の場合も同じである。バークリは、こうした個々の感覚の集合体とみなされる「物」を、「可感的な物」(sensible Thing)

と呼ぶ。それらはあくまで私たちが感官の働きによって今現に感覚している「物」のことである。言い換えれば、私たちが感官の働きによって今現に感覚している「物」は、ロックの場合でもバークリの場合でも、「観念」もしくは「観念の集合体」である。[13] バークリはその理由を説明しないが、こうした日常私たちが「物」だと思っているものを最初から「観念」もしくは「観念の集合体」として扱うことが、バークリの物質否定論の重要な基盤となっている。

この「観念の集合体」としての「物」は、のちに確認するように、観念（ないし「観念の集合体」）である限りにおいて「心の中にある」とされるのであるが、そもそも、なぜ、光や色や硬さや軟らかさといったものが「観念」とみなされるのか。そして、なぜ感覚されるリンゴや石や木や本が「観念の集合体」なのか。そしてまた、なぜそうした観念（ないし「観念の集合体」）は「心の中にある」とされるのか。実はこうした一群の問題こそが、バークリの観念論（物質否定論）を含む西洋近代「観念説」（theory of ideas）を理解するために押さえなければならない基本問題なのだが、バークリはそれには立ち入らず、特段の説明なしに、そうしたことを自明視しながら話を進める。この事態は、デカルトが導入した「観念」（idea）の近代的用法が、バークリの場合、とりわけロックを経由して彼の思考の重要なツールになりきっていることを示している。バークリとしては、先人が準備したものを便利な手段として使うことで、物質否定というみずからの目的を達しようとしているにすぎない。

右に挙げた「基本問題」については、本書ののちの章（第８章）で立ち入ることにし、本章では光や色や硬さや軟らかさ等々が「観念」であり、「リンゴ」や「石」や「木」や「本」などの「可感的な物」が「観念の集合体」であるという『原理』第一部の原点となる考え方をバークリに従って暫定的に自明視した上で、話を進めることにする。しかし、まったくの解説なしに話を続けるのは得策ではないので、ここで一言だけ、なぜそうしたものが「観念」なのかについて述べておきたい。

「観念」という言葉を近代的な仕方で使用したデカルトも、その語法を継承したロックも、感覚について、ある特徴的な考え方を採用していた。それは、日常的に直接感覚できる「物」や「物体」とはなんらかの仕方で異質な「物体」ないし「物そのもの」を、ある科学的理由から仮説的に想定するという考え方である。そうすると、私たちが日常感覚している物や物の性質は、そうした仮説的に想定された新たな「物体」ないし「物そのもの」が私たちの感覚器官に刺激を与え、その結果私たちが感じているだけのものとして、捉え直されることになる。そうした、私たちが感じているだけとされるものを、デカルトは感情や痛みなど、すでに久しく「心の中」にあるとされてきたものと一緒にして、心の中の「観念」としてこれを捉えることにした。ロックもまた然りである。こうして、近代科学の進展とともに、私たちが直接感覚しているものはすべて心の中の観念として捉えられることになる。バークリは、最終的に、こうした「物そのもの」や「物質」の独自の存在を認めない立場をとるものの、「観念」という言葉の使い方については、デカルトやロックが広めた最先端の専門的語法に従おうとする。

2　人間の知識の対象（Ⅱ）——感情や心の働き

バークリが挙げる二つ目の「人間の知識の対象」は、「心の受動〔感情〕や働き（the Passions and

Operations of the Mind）に注意を向けることによって知覚されるそうしたもの（such）」である。つまり、感情や心の働きに注意を向けることによって得られるそれらの観念である。

感覚を観念とするとともに、感情や心の働きについても観念が得られるとするこのバークリの考え方は、これもロックの『人間知性論』にその原型がある。ロックは「経験」（Experience）を「感覚」（Sensation）と「反省」（Reflection. 心の中を振り返ってその働きや状態に注意を向けること）に分け[14]、「反省」を感覚に類するものとして「内的感官」（internal Sense）とも呼び[15]、これを次のように説明する。

これら二つのもの〔……〕すなわち感覚の対象としての外的な物質的な物と、反省の対象としての内なる私たち自身の心の働き（*Operations*）だけが、私にとって、私たちのすべての観念がそこから始まる源泉にほかならない。私はここでは、「働き」という言葉を広い意味で用い、心が自身の観念について行う活動（Actions）だけでなく、なんらかの思考から生じる満足や不快感のような、観念からときに生じるある種の感情（Passions）をも含むものとする。[16]

バークリが「心の受動〔感情〕（Passions）や働き（Operations）」という言い方をしているのは、こうした先人の語法を念頭においてのことである。そして、このタイプの観念については、バークリは第一節の最後で、とりあえずはさらに次のように語るにとどまっている。

〔可感的な物〕は、心地よいものであったり不快なものであったりするのに応じて、愛や憎しみや喜びや悲しみなどの感情（Passions）を引き起こす。[17]

バークリのこの発言が、右に引用したロックの「なんらかの思考から生じる満足や不快感のような、観念からときに生じるある種の感情」についての発言に呼応するものであることは言うまでもない。

3　人間の知識の対象（Ⅲ）――広義における「心像」

このように、バークリは「人間の知識の対象」として、まず、ロックの言う「感覚」と「反省」によって獲得される観念を取り上げる。そして、そのあとさらに、それら先行する二種類の観念を「記憶や想像力の助けによって、複合（compound）したり分割（divide）したり単に再現（represent）したり」することに言及し、「記憶や想像力の助けによって」得られる観念を、第三の種類の「人間の知識の対象」としている。

バークリのこの考え方も、ロックの見解に呼応している。ロックは『人間知性論』において、「経験」（すなわち「感覚」と「反省」）から得た観念を記憶によって想起する心の働きについて語るとともに、この働きによって生み出される観念について語っている。[18]さらには、心がさまざまな他の働きを行使して、観念を複合したり比較したり分離したりして諸種の観念を作ることを論じている。バークリの言う「単に再現したり」は、記憶によって心像（mental image）を作ることである。また、「複合したり分割したり」は、ロックの言う「複合観念」

を作る働きと「抽象観念」を作る働きとに対応している。[19] ロックは『人間知性論』第四版（一七〇〇年）の加筆箇所で、こうした心の働きについて、端的に、次のように言う。

心はその単純観念のすべてを受け取るにあたってはまったく受動的であるが、それ自身のさまざまな作用を行使することによって、他の観念が、その材料であり基礎である単純観念から形成される。心が単純観念に対してその能力を行使するところの心の作用は、主として次の三つである。一、いくつかの単純観念を組み合わせて、一つの合成観念にすること。これによって、すべての複合観念が作られる。二、二つ目は、単純観念であれ複合観念であれ、二つの観念を取りそろえ、それらを並置し、それらを合一させることなく同時に眺めること。これによって、心は関係の観念のすべてを得る。三、三つ目は、それらを、それらが実在する際に伴っている他のすべての観念から分離すること。これは「抽象」と呼ばれ、これによってすべての一般観念が作られる。[20]

このように、ロックは感覚と反省から得られた観念を「組み合わせ」たり「分離」したりすることを論じている。こうした心の働きによって得られる観念に、単に記憶によって「再現」される観念を加えれば、「記憶や想像力の助けによって、複合したり分割したり単に再現したりして形成される観念」というバークリの第三の種類の観念についても、すでにロックがこれを論じていたことは明らかである。

つまりバークリは、『原理』第一部の最初の節で、すでにロックが『人間知性論』において論じていたことを彼なりの仕方で要約的に論じ、それによって、「人間の知識の対象」として「観念」が存在していること、そして、それが三つの種類からなることを確認しているのである。

4 「思念」の問題

先に進む前に、この「第一部」第一節冒頭の三つの種類の「観念」に関する彼の発言について、一つ指摘しておかなければならないことがある。それは、「思念」(Notion) に関わることである。デカルトやロックが「観念」を非常に広い意味で用い、「概念」とか言葉の「意味」とか言われるものをも「観念」と呼んだことは、周知のことである（これについては、第7章で取り上げる）。これに対して、バークリは、感覚や反省において私たちが直接感じたり知覚したりしているものと、それを記憶や想像力によって再現したりそれをさらに加工したりしたもののみを「観念」と呼んだが、『原理』第二版（一七三四年）ではさらに、それまで「観念」と呼んできたもののうちのあるものは本来「観念」とは呼べないという見解を強調するに至った。彼は、『原理』第二版第一四二節の加筆部分で、次のように言う。

私たちは、能動的存在者の思念や活動の思念を持っているとは言えても、それらの観念を持っているとは厳密には言えないと思う。私は、「私の心」や「観念に対する心の作用」という言葉が意味するところを知り、あるいはそれを理解している限り、私の心や観念に対するその作用について、なんらかの知識もしくは思念を持っている。私は、〔自分が感覚するものや、記憶や想像によって心の中に心像として描くものではなく、〕自分が知っているものについては、なんらかの思念を持っている。もし世間がそうしたいのなら、「観念」という名辞と「思念」という名辞を同義的に使用してはならないとまでは言わない。しかし、事柄を明晰かつ適切な仕方で論じようと思うなら、非常に異なるものは異なる名前で区別すべきである。また、すべての関係は心の作用を含んでいる。したがって、私たちは物事の間の関係ないし関わりの観念を持っているという言い方はあまり適切とは言えないということにも、注意しなければならない。私たちは、むしろ、それらの思念を持っていると言うべきであろう。(21)

つまり、「能動的存在者」（active Being）や「活動」（Action）については、私たちは「思念」（Notion）を持っているとは言えても、「観念」（Idea）を持っているとは言えないと言うのである。ということは、「観念」とは異なる、「思念」という「人間の知識の対象」があることになる。

だが、右の改訂第二版における「思念」と「観念」の差異の主張は、第４章で見るように、すでに『原理』第一版でも言われていたこと――すなわち、「観念」は受動的で不活性なものであるということ――から帰結する事柄を、改めて強調したようなものである。つまり、観念は受動的なものであるから、「能動的存在者」や「活動」を表すことはできないので、そうしたものについては、私たちは「思念」を持つと言うべきだというのである。そうした点からして、『原理』第一部第一節冒頭の二つ目の種類の観念――「心の受動〔感情〕や働き（the Passions and Operations of the Mind）に注意を向けることによって知覚されるそうしたもの（such）」――については、本来これを「観念」として扱うことはできず、ここに言う「そうしたもの」は、「そうした観念」（such ideas）ではなく「そうした対象」（such objects）と読むべきだという解釈が提示されることになった[22]。

しかし、この解釈は、別の重大な問題を引き起こしてしまうと私は思う。仮に、二つ目の種類の「人間の知識の対象」が観念ではなく思念であるとしよう。ところが、第三の種類の「人間の知識の対象」は、「もともと今述べた仕方で知覚されたものを、記憶や想像力の助けによって、複合したり分割したり単に再現したりして形成される観念」と言われている。ということは、もし第二の種類の対象が観念ではなくて思念であるとするなら、バークリが第三の種類のものを「もともと今述べた仕方で知覚されたものを、記憶や想像力の助けによって、複合したり分割したり単に再現したりして形成される観念」と説明していることからして、思念は記憶や想像力によって心の中に再生されたとき、思念ではなくて[23]「観念」となって現れることになる。だが、バークリはこのようなことを言おうとしているのではない。

このように、バークリは「観念」という言葉をデカルトやロックのそれよりも狭い意味で――心像論的な仕方で――使用し、それのみを人間の知識の対象としながら、のちにある種類の知識の対象の特異性を強調し、それを特に「思念」と呼ぼうとした。けれども、それは別の不整合を引き起こすことになり、結局彼は、全体として不整合を除去するには至っていない。繰り返すが、『原理』第一部第一節の最初の文の「そのようなもの」（such）を、「観念」を意味するものではないと解釈者が唱えてみても、それは右に述べた、もっと面倒な不整合を露わにするだけである。

私の見るところでは、バークリはかつてフレイザー（Alexander Campbell Fraser, 1819-1914）が言ったように、ここではロックの観念の分類に依拠して知識の対象となるものを手短に説明したにすぎない[24]。そして、ロック説に類する見解をそのように簡潔に示すことで、読者を自身の路線に引き入れやすくしようとしたと考えられる。また、論述の順番からして、「第一部」の冒頭からいきなり観念の受動性を論じ、二つ目の種類の「観念」は本来観念ではないとして論述を錯綜したものにすることが得策ではなかったことは、十分に理解することができる。バークリは、第一節ではそのことに触れず、「そうしたもの」という曖昧な表現を用いてことを進め、しかるのちに観念の受動的性格を強調し、のちにはさらに、活動的なものについては「観念」ではなく「思念」を使うべきだということを強調するに至ったものと思われる。

5　観念を知覚する心の存在（第二節）

こうしてバークリは、『原理』第一部第一節でいきなり「人間の知識の対象」として三種類の観念を取り上げるのであるが、次の第二節では、今度はそうした観念に対してさまざまな働きを行使する「心」の存在が説かれる。先の㈠から㈣までのうちの㈡が、ここで実に明快に提示される。第二節の全文は次のとおりである。

しかし、こうした限りなく多様な観念ないし知識の対象のすべてとは別に、それらの観念を知り、あるいは知覚し、それらの観念に対して、意志する、想像する、思い出す、といったさまざまな働き（Operations）を行使するなにかが、同様に存在する。この知覚する能動的なものを、私は「心」（*Mind*）、「精神」（*Spirit*）、「魂」（*Soul*）、もしくは「自我」（*my Self*）と呼ぶ。それらの言葉によって、私は自分が持っている観念のいずれかを表示するのではなく、それらとはまったく別の、観念がその中に存在するところのもの、もしくは同じことだが、それによって観念が知覚されるところのものを表示する。というのも、観念の存在は知覚されることにあるからである。(25)

心は「こうした限りなく多様な観念ないし知識の対象のすべてとは別に」存在すると、バークリは端的に言う。(26) そして、心は、それらの観念を「知り、あるいは知覚〔する〕」と言う。つまり、観念と心が存在し、両者は、心が観念を「知り、あるいは知覚〔する〕」という関係にある。また、心はそれらの観念に対して、「意志する、想像する、思い出す、といったさまざまな働きを行使する」。こうした心と観念の二項関係的構図が、バークリの思想の基本前提として、「第一部」の二つの節でこのように矢継ぎ早に提示されるのである。

だが、それだけではない。先に私はバークリが「第一部」第一節から第七節で提示するテーゼとして、次の四つを挙げた。

(一) 知識の対象は「観念」である
(二) 観念を知覚するものとして「心」が存在する

㈢　観念は心が知覚することによって——言い換えれば心によって知覚されることによって——存在する

㈣「心によって知覚されること」は、「心の中に存在すること」にほかならない

㈠は第一節で言われたことである。また、㈡は今確認したことであるが、先に引用した第二節を見ると、そこではすでに㈢も㈣も提示されていることがわかる。

第二節の後半部分で、バークリはまず、「観念がその中に存在するところのもの、もしくは同じことだが、それによって観念が知覚されるところのもの」という言い方で、「観念が心の中に存在する」ことを、「観念が心によって知覚される」ことと同一視する。心によって知覚されるということは、心の中にあるということである。そして、第二節の最後では、「観念の存在は知覚されることにある」（the Existence of an Idea consists in being perceived）と、㈢のテーゼが端的に表明されている。

先の第一節における三種類の観念の説明が表面上ロックのそれをなぞっていたように、この第二節でもバークリはロック的な発言をしている。ロックが観念の存在を心の存在とともに認め、心が観念を知覚するとしたことは、縷説するまでもない。そして、「観念の存在は知覚されることにある」というバークリの㈢の考え方と、「心によって知覚されること」を「心の中に存在すること」と同一視する㈣の考え方もまた、『人間知性論』におけるロックの見解の中にそれを認めることができる。

㈢については、まず、ロックが『人間知性論』第一巻の生得説批判の中で、私たちの心の中に原理や観念がありながらそれを知覚しないというのは矛盾であると指摘したことから、観念はそれが心の

中に存在するのなら知覚されるし、知覚されないのなら存在しないと彼が考えていることが知られる(27)。また、この件に関してさらにロックは、『人間知性論』第二版（一六九四年）の「把持について」の章の加筆部分において、次のように言う。

私たちの観念は心の中の現実の知覚にほかならず、それらを知覚することがなければ、それらはなにかであることをやめる［……］(28)。

つまり、観念は知覚されなければ存在しないとロックは言うのである。

また㈣については、ロックは生得原理説批判の中で、次のように述べている。

知性の中の生得思念について語る人は、（もしその人がそれによってなんらかの独特な種類の真理を言おうとしているのであれば、）知性がけっして知覚したことがなくそれについてまだまったく無知であるような真理が知性の中にある、とするわけにはいかない。というのも、もし（「知性の中にある」［*to be in the Understanding*］という）この言葉がなんらかの妥当性を持つとすれば、それは理解されること（to be understood）を意味するからである。したがって、知性の中にありながら理解されないということ、心の中にありながらけっして知覚されないということは、なにかが心ないし知性の中にあるとともにないと言うのとまったく同じことである(29)。

ポイントは、知性の中にあること（つまり心の中にあること）と知覚されること（理解されること）との同一視である。ロックのこうした文言を念頭に置けば、バークリが「観念が心の中に存在する」ことと「観念が心によって知覚される」ことを同一視することもまた、先人の見解を踏襲したものだということが、理解されるであろう。こうして、ロックの『人間知性論』に認められる、バークリにとってとりわけ重要ないくつかの所見の確認が、『原理』第一部の第七節まで続くことになる。だが、その最重要ポイントは、右に見たように、すでに第一節と第二節で提示されている。第三節でバークリが言う「エッセ・イズ・ペルキピー」は、すでに第二節で言われていたことのキャッチコピー化にすぎない。

6　「エッセ・イズ・ペルキピー」（第三節）

さてその「エッセ・イズ・ペルキピー」であるが、これは続く第三節の最後近くに出てくる。第三節の全文は、次のとおりである。

私たちの思考や、感情や、想像力によって形成された観念が、いずれも心の外に存在しないことは、誰もが認めるところであろう。そして、感官に刻印されたさまざまな感覚もしくは観念（the various Sensations or Ideas imprinted on the Sense）が、どれほど混ぜ合わされ組み合わされようとも（すなわち、それらがどのような対象を構成しようとも）、それらを知覚する心の中にでなければ存在しえないことも、同様に明白だと思われる。これについては、「存在する」（*Exist*）という言葉を可感的な物に適用するとき、それによって何を言おうとしているかに注意を向けるなら、誰でも直観的知識（intuitive Knowledge）を得ることができると私は思う。私が書き物をしている〔この〕机は存在すると私は言う。すなわち、私はそれを見、それに触れる。そして、もし私が自分の書斎にいないとしても、私はその机が存在すると言うだろう。それは、もし私が自分の書斎にいたとしたら私はそれを知覚しただろう、あるいは、なんらかの他の精神（some other Spirit）が実際にそれを知覚している、ということを言おうとしてのことである。匂いが存在した、すなわちその匂いが嗅がれた。音が存在した、すなわちその音が聞かれた。色や形が存在した、すなわちそれらが視覚あるいは触覚によって知覚された。私がこれらの表現や似通った表現によって理解することができるのは、ただこうしたことだけである。というのも、考えないもの（unthinking Things）が、それが知覚されることとは一切関わりなく絶対的に存在するということは、まったく理解不可能だと思われるからである。それら〔考えないもの〕が存在するということは、知覚されるということである（Their *Esse* is *Percipi*）。そして、それらを知覚する心すなわち考えるもの（Minds or thinking Things）の外にそれらがなんらかの存在を持つことは、ありえないことである[30]。

ここには「存在するということは、知覚されるということである」（「エッセ・イズ・ペルキピー」［*Esse is Percipi*］）という言葉が見いだされ、その言葉は一人歩きしてあまりに有名になってしまった。先に述べたように、この言葉はこれまで多くの人々によって、物質が存在しないことを表明する、バークリ本来の核心的テーゼであるとされてきた。しかし、これが誤解であることは、この言葉を含む第三節全体を、その前の二節の内容とともに正確にたどれば、容易に理解されることである（先に触れたように、バークリの「物質否定論」の議論の本領は、むしろ第八節以降にある）。

まず、この第三節の最初の二つの文を見てみよう。第一の文でバークリは、「私たちの思考や、感情や、想像力によって形成された観念が、いずれも心の外に存在しないことは、誰もが認めるところであろう」と言う。「思考」や「感情」が心の中にあることが自明であるとすれば、それらと同じように、「想像力によって形成された観念」すなわち心像もまた、心の中にあることは自明と言ってよい。このように、第三節の第一の文では、まず、「心の中にある」ことが自明に見える「私たちの思考や、感情や、想像力によって形成された観念」が取り上げられ、それらが心の中にあることが確認される。

バークリはこれに続けて、第二の文で、「感官に刻印されたさまざまな感覚もしくは観念が、どれほど混ぜ合わされ組み合わされようとも（すなわち、それらがどのような対象を構成しようとも）、それらを知覚する心の中にでなければ存在しえないことも、同様に明白だと思われる」と言う。ここで取り上げられている「感官に刻印されたさまざまな感覚もしくは観念」は、先ほどの「私たちの思考や、感情や、想像力によって形成された観念」と比べたとき、それを「心の中にある」とするのは日常的には首をかしげざるをえないところであろう。例えば感覚されている色や形は、感覚ではあるものの、それは日常的には外的な物体の色や形であって、通常「心の中にある」とは思われていないからである。ところがバークリは、こうした「感官に刻印されたさまざまな感覚もしくは観念」についても、

「それらを知覚する心の中にでなければ存在しえない」とし、そのことは、先ほどの「私たちの思考や、感情や、想像力によって形成された観念」の場合と「同様に明白だと思われる」と言う。「感官に刻印されたさまざまな感覚もしくは観念」が「観念」である限り、第二節に言われていること――すなわち知覚されることと心の中にあることの同一視――からすれば、それらもまた「心の中にある」はずである。そして、バークリはそのことについては、「同様に明白だ」としながら、これについてさらに話を続ける。彼は続く第三の文で、「これについては、「存在する」という言葉を可感的な物に適用するとき、それによって何を言おうとしているかに注意を向けるなら、誰でも直観的知識を得ることができると私は思う」と言う。つまり、「感官に刻印されたさまざまな感覚もしくは観念が〔……〕それらを知覚する心の中にでなければ存在しえない」ことを、「直観的知識」だとまで言うのである。

バークリが「直観的知識」という言葉を使うとき、彼はロックが『人間知性論』で行った知識の分類の一つを念頭に置いていると思われる。ロックは『人間知性論』第四巻第二章「私たちの知識の度合いについて」(*Of the Degrees of our Knowledge*) において、知識を「直観的知識」(intuitive Knowledge) と「論証的知識」(demonstrative Knowledge) と「感覚的知識」(sensitive Knowledge) とに分類した[31]。「直観的知識」とは、「心が二つの観念の一致もしくは不一致を、それら自身によって、他のいかなる観念の介在もなく、直接知覚する」[32] ことによって得られる知識のことである。言い換えれば、推論によらず、直接的に得られる知識のことである。バークリにとって、「感官に刻印されたさまざまな感覚もしくは観念が〔……〕それらを知覚する心の中にでなければ存在しえない」ということは、自明な「直観的知識」の一つなのだが、それはとりもなおさず、デカルトやロックが広めた「観念」語法がバークリにとってすでに当然のこととなっていたことを意味する。というのも、人は自分が当然だと思っていることを、しばしば、推論によらず直接的に得られた知識であるかのように主張するからである。しかし、バークリが継承したデカルトやロックの観念語法がどれだけの科学的議論を基盤としていたかは、第８章で見るように、科学史の教えるところである。つまり、「感官に刻印されたさまざまな感覚もしくは観念が〔……〕それらを知覚する心の中にでなければ存在しえない」ということをバークリが「直観的知識」とみなすことは、そのことがバークリにとってどれほど強く信じられていたかを示すものであって、それがいかなる推論、いかなる議論、いかなる理論をも基盤としていないことを意味するものではない。この点は、のちの議論において重要であり、念頭に置いておく必要がある。

　話を戻すと、そうした議論のあとで、最後にバークリは「エッセ・イズ・ペルキピー」を持ち出し、「存在するということは、知覚されるということである」と言う。だが、それは「存在するということ」一般に対して無条件に言われているのではなく、「それらが存在するということは、知覚されるということである」（Their *Esse* is *Percipi*）と言われているように、「それら」と言われているものについての発言である。ここに言う「それら」とは、直近の「考えないもの」（unthinking Things）を指している。バークリはデカルトが心を「考えるもの」（res cogitans）と言ったのを承けて、心を「考えるもの」（thinking Thing）と表現する（先の引用箇所でバークリが「心すなわち考えるもの」[Minds or thinking Things] と言っていることに注意されたい）。これに対して、この箇所で「考えないもの」と言われているのは、第一節冒頭でいきなり説明なく導入された「観念」のことである。

これまでバークリは、二種類のものの存在を確認している。第一節で導入された、知覚されるものとしての「観念」と、第二節で導入された、知覚するものとしての「心」である。そして、心が「考えるもの」と言い換えられるのに対して、第三節では観念が「考えないもの」と言い換えられている。確かに、観念は心ではないので、考えることはしない。そこで、第三節のはじめのところに出てくる複数形の「観念」(Ideas) が、その節の終わり近くで「考えないもの」(unthinking Things) と言い換えられ、それを承ける形で、「それらが存在するということは、知覚されるということである」(Their *Esse is Percipi*) と言われているのである。

したがって、この「エッセ・イズ・ペルキピー」は、第二節の最後でバークリが確認した「観念の存在は知覚されることにある」を、単に別の言い方で確認し直したにすぎない。したがって、それはロックの見解のある面を強調したものでしかなく、まだバークリの物質否定論の核心部分をなすものではない。

7　家や山や川は、知覚されずには存在しえない（第四節）

こうして、バークリは、知識の対象が心の中の観念であること、その観念を知覚する心が観念とは別に存在すること、そして、観念が存在するということは、それが知覚されるということにほかならないことを、第一部の最初の三つの節で確認する。そして、続く三つの節（第四節〜第六節）で、さらにロックの見解に沿ったいくつかの確認を進め、第七節で、第八節以下の自身の独自の主張の基盤となる見解を提示する。

第四節は、次のとおりである。

確かに、家や山や川、一言で言えばすべての可感的対象は、その本性に基づく、ないしは実在的な、それらが知性によって知覚されるのとは関わりのない存在を持つという憶説が、奇妙なことに、人々の間に流布している。しかし、この原理〔基本的な考え方〕が世間においてどれほど大きな確信と黙諾をもって抱かれているとしても、もし私が間違っていなければ、それを疑おうとする者には、それが明らかな矛盾を含むことがわかるであろう。というのも、先に挙げたもろもろの対象は、私たちが感官によって知覚するものでしかなく、また私たちが知覚するのは私たち自身の観念ないし感覚以外にはないのだから、これらのいずれか、もしくはこれらの組み合わせが、知覚されずに存在するというのは、明らかな背理ではないか(33)。

すでに、リンゴを例にとって論じたことからして、リンゴばかりか、家や山や川も、それが感覚されている限り、私たちの観念である（それらはここでは「可感的な物」ではなく「可感的対象」〔sensible Objects〕と言われている）。そうすると、観念は知覚されているときにのみ存在するということからして、それらが、知覚されることとは関わりなく――つまり、知覚されようがされまいが――存在しているというのは、明らかに矛盾であることになる。

かくてこの第四節では、私たちが知覚している限りでの物（「可感的な物」ないし「可感的対象」）は、心によって知覚されない限り存在しえないことが確認される。

ところで、バークリのこうした発言は、これ自体がもしかしたらすでに物質否定論の表明ではないかと思われるかもしれないが、そうではない。バークリの議論は、第一節からずっと変わらず、観念とみなされるべき物、私たちが日常「物」だと思っている感覚される物に、話題が限定されている。のちにバークリ自身が言うように、バークリがその存在を否定する物質は、私たちが日常「物」だと思っている観念としての「可感的な物」とか「可感的対象」とかいったものではない。したがって、観念としての「可感的な物」ないし「可感的対象」について、それが知覚されることなしには存在しえないということがいくら繰り返し主張されても、それではまだ物質の存在を否定したことにはならないのである。

8 「抽象観念」否定論を用いて（第五節）

バークリはこの議論を、自身が「序論」で展開した「抽象観念」否定論を用いてさらに続ける。彼は続く第五節で、次のように言う。

もし私たちがこの〔可感的対象は知覚されなくても存在するという〕見解を徹底的に調査するなら、多分、それが結局のところ抽象観念説（the Doctrine of *Abstract Ideas*）に依拠していることがわかるであろう。というのも、可感的対象が知覚されずに存在すると考え（conceive）ようとして、それらの存在をそれらが知覚されることと区別するほどの抽象が、ありえようか。光と色、熱さと冷たさ、延長と形、要するに、私たちが見たり触れたりするものは、感覚、思念、観念、ないし感官に与えられた印象でなくて何であろうか。だとすれば、たとえ思考の中であっても、これらのいずれかを知覚から分離することはできるのか。もしそれができると言うのなら、物をそれ自身から切り離すことだってできるだろう。私は確かに、互いに切り離されているのをおそらくけっして感官によって知覚したことがないものを、自分の思考の中で切り離したり、互いに分かたれたものとして考え（conceive）たりすることができる。例えば私は、手足のない人間の胴体を想像したり、薔薇そのものを考えずに薔薇の匂いを考え（conceive）たりする。そこまでなら、私は自分が抽象できることを否定しない。しかし、それは、実際に離ればなれに存在したり、現実に離ればなれに知覚されたりすることが可能であるような対象を、分離したものとして考える（conceive）ときにのみ、それを「抽象」と呼ぶことにした場合のことである。しかし、私が持っている、考えたり想像したりする能力（conceiving or imagining Power）は、実際に存在したり知覚したりする可能性を超えるものではない。したがって、あるものを現実に感覚することなくそれを見たりそれに触れたりすることが私にはできないように、なんらかの可感的な物ないし対象を、それを感覚したり知覚したりすることとは別のものとして自分の思考の中で考える（conceive）ことは、私にはできない。(34)

ここでバークリは、「序論」で論じたロック的「抽象観念」説に対する批判を持ち出す。それによれば、私たちは現実の知覚の現場で分離した状態を知覚する可能性のあるもの（例えばここに言われているような人間の胴体と四肢）については、それらの分離つまり抽象を想像力によって行うことが可能であるが、現実に分離することができないものについては、想像上でもそれらを分離することはできない。バークリはこうして、ロックが、現実には分離できないものどうしの場合の分離を認めているとして、そのような分離によって形成されるとしたロック的「抽象観念」の存在を否定する。バークリによる「序論」での「抽象観念」説批判は、まさに、こうした局面において、知覚されなくとも物は存在するという、広く行き渡った誤った考えを否定するのに用いられるのである。

バークリによれば、可感的な物ないし可感的対象は、それらが観念である限り、知覚されずに存在することはありえない。ところが世の人々は、本来切り離せないはずのそうしたものの「存在」と「知覚されること」とを分離し、それらは知覚されなくても存在すると言う。これは途方もない誤りだと、彼は言いたいのである。

このように、バークリは第五節で、自身の「抽象観念」否定論に訴える。だが、第四節同様第五節でも、結局は、観念は知覚されなければ存在しえないということを、可感的な対象が観念であることを強調しつつ、再度確認するという筋立てになっている。

9　世界は心の中に存在するのでなければ存在しえない（第六節）

第六節でも、同じ方向で議論が続けられる。そこでは次のように言われている。

> いくつかの真理は心にとって非常に身近で明白なため、それらを見るにはただ自分の目を開くだけでよい。私は次の重要な真理をそういうものだと思う。すなわち、すべての星々と地球に備わったすべてのもの、要するに、世界の巨大な構造を構成するすべての物体は、心の外に自存するものではなく、それらがあることは知覚されることもしくは知られることであり、したがって、それらが私によって実際に知覚されるのでない限り、あるいは私の心もしくは他の被造物の心の中に存在するのでない限り、それらはまったく存在しないか、そうでなければある永遠の存在者の心の中にあるのでなければならない。物体のごく一部であっても、精神とは独立の存在をそれに帰するなら、それはまったく理解しがたいことであるばかりか、そこから抽象の全不条理が帰結することになる。この点を納得するには、読者はただ心の中を振り返り、自分自身の思考の中で、可感的な物があるということを、それが知覚されることから分離しようと試みるだけでよい。(35)

バークリの議論は、相変わらず、観念が知覚されずに存在することはありえないということを基盤として進められる。第一節ではリンゴが例に挙がり、第四節では家や山や川が例に出てきたが、ここでは世界の全体が取り上げられる。それらはみな、可感的な物であり観念である限り、私の心でなくともなんらかの心によって知覚されない限り存在することはありえず、心の外に存在するものではないと説かれる。

バークリは第一節から第六節にかけて非常に心得た議論をしていて、右のように、対象となるものを身近なものから徐々に拡大して、宇宙全体へとその範囲を広げ、しかも、それらを知覚する心のほうも、それは最初は私の心であったはずなのに、ここでは他の被造物の心、そして「永遠の存在者」（＝神）の心へと範囲が拡大していく。こうして、バークリの議論は、私たちが外にある世界だと思っているものが実は心の中の観念であること、そして、それらは、なんらかの心が知覚することなしには——言い換えればなんらかの心の中にでなければ——存在しえないことを、読者に自明視させようとする。

10　心以外に実体はない（第七節）

バークリは、このようにして、第八節から始まる彼の物質否定論の核となる議論の土台づくりを、第一節から着々と進めていく。そして、それが一段落するのが、続く第七節である。その節で、彼は次のように言う。

> 以上に述べたことから、精神もしくは知覚するもの以外には実体はないということが帰結する。しかし、この論点をいっそう完璧に証明するため、次のことを考察しよう。可感的性質とは、色や形や運動や匂いや味などのことであり、言い換えれば、感官によって知覚される観念のことである。しかるに、観念が、知覚しないものの中に存在するというのは、明らかな矛盾である。というのも、観念を持つことは、知覚することにほかならないからである。したがって、色や形などの性質がな

んらかのものの中に存在するのであれば、そのなんらかのものはそれらの性質を知覚するのでなければならない。ゆえに、それらの観念の考えない実体ないし基体（unthinking Substance or *Substratum*）はありえない(36)。

先ほどは「可感的な物」とか「可感的対象」とかいった言葉が使われていたが、ここでは「可感的性質」（sensible Quality）という言葉が使われる。「色や形や運動や匂いや味など」は、可感的な性質である。それらはすなわち、「感官によって知覚される観念」である。観念である限り、それらは心によって知覚されなければ存在しえない。なんらかのものが存在できるためには、それの支えとなるものが必要で、これを「実体」（Substance）や「基体」（Substratum）と呼ぶというのは、古くからある考え方である。バークリが参照したロックの『人間知性論』でも、このことがしっかりと説かれていた(37)。バークリは、この語法に従って、観念が存在するための支えとなる心を「実体」と呼び、観念については心以外に実体はないとして、第一節から始まる一連の議論を締め括っている。

ここに現れる「知覚するもの」（that which perceives）や「知覚しないもの」（unperceiving Thing）は、先ほど出てきた「考えるもの」や「考えないもの」の別形である。観念は心によって知覚されることなしには存在せず、それが心によって知覚されるということは、心の中に存在するということでもある。バークリは、第二節で提示した語法に従って、そうした観念は知覚されずには存在しえない以上、それらが「知覚しないもの」の中に存在することはありえず、したがって、知覚の働きを持たないものは観念の「実体」ないし「基体」ではありえないと言う。つまり、「精神もしくは知覚するもの以外には実体はないということが帰結する」。だが、相変わらず、それは「観念」について言われていることである。

11　知覚される世界はすべて心の中

第七節に至っても、バークリはやはり自分の主張に付されている限定をしっかりと意識している。すなわち、彼がその存在を説き、また知覚されることとそれが存在することを同一視しているのは、あくまで「観念」である。これに対して、観念を知覚する「心」が存在する。今のところ、彼が存在すると主張しているのは、心によって知覚される観念と、観念を知覚する心である。こうして、観念が存在するためには心による知覚がなければならないこと、その意味で、心は観念の唯一の支えすなわち「実体」であって、心以外には観念を支える「実体」はないということに、議論は暫定的に収束する。

バークリが本領を発揮するのはこれからである。しかし、これまでのバークリの議論によって、バークリが従っている当時の観念説（観念という概念を重要な要素とする理論）のある特徴が、非常に鮮明に描かれているのは間違いない。目を開くと見えるこの世界、それを構成するさまざまな物体は、私（の心）が知覚する観念（の集合体）にほかならず、それらはみな、私の心の中にある。「色や形や運動や匂いや味」などの可感的諸性質は、心が知覚しなければ存在せず、知覚しないもの、考えないものがそれを支え、それを持つことはない。つまり、ここではまだ明示されてはいないけれども、

「色や形や運動や匂いや味」などは、物質がそれを持つことはありえないという含みが、ここにはある。物質否定論ないし観念論まで、あともう少しである。

第3章 物質否定論の核心部分
――「似たもの原理」と「マスター・アーギュメント」

はじめに

前章では、「エッセ・イズ・ペルキピー」(「存在するということは知覚されるということである」)が、バークリの「物質否定論」の重要な前提ではあってもその核心部分ではなく、単にロック的観念説の一つの面を断定的に提示したものにすぎないことを示した。注意すべきは、「第一部」第一節から第七節までのところでは、まだ「物質」と、その存否が、正面から取り上げられてはいないという点である。

確かに、「考えないもの」(unthinking Thing)とか「知覚しないもの」(unperceiving Thing)とかいった言い方で、あとで彼が「物質」と呼ぶものへの示唆はあるが、それはまだ、観念のことを言うために用いられているか、〈知覚されることによって存在するはずの「観念」を、考えないものや知覚しないものが持っていることはありえない〉ということを言うために用いられるかにとどまっている。

バークリが「物質否定論者」としての本領を発揮するのは、否定されるべき「物質」が前面に出てくる『原理』第一部第八節以降である。本章では、その議論の核心部分をなす「似たもの原理」と「マスター・アーギュメント」を含む第八節から第二四節までを取り上げる。

「第一部」第八節以降のバークリの議論は、心の中にある「観念」とは別に心の外にあるとされる「物質」について、それがどうして存在すると言えるのかをめぐって進められる。彼がこれまでの議論で手にしているのは、心の中の「観念」と、それを知覚する「心」だけである。これら二つの存在を認めるという前提からは、それらのいずれとも異なる「物質」の存在を証明することはできないというのが、バークリの論点である。まずは、第七節までの議論とのつなぎの役割を果たす第八節の内容を見る。

1　物質否定へ――「似たもの原理」（第八節）

第七節までのほんのわずかの、けれどもきわめて簡潔な議論を経て、バークリはみずからの物質否定論のレールの敷設を完了する。このレールは、右に述べたように、ロック的（デカルト的）観念説の基本的枠組みが持つある特徴を強調的に再提示するという仕方で敷設される。バークリ固有の議論が開始されるのは第八節からであり、その第八節では、問題が次のような仕方で提起される。

しかし、と、あなたはおっしゃる。観念そのものは心の外には存在しないけれども、観念がその写し（Copies）ないし類似物（Resemblances）であるような、観念に似たものがあるかもしれず、そういったものが、心の外に、考えない実体（unthinking Substance）の中に存在するかもしれない、と。私は答える。観念は、観念にしか似ることができない（an Idea can be like nothing but an Idea）。色や形は別の色や形にしか似ることができない、と。もし私たちが自分の思考を少しでものぞき込むなら、私たちには、観念どうしのほかには似たもの（Likeness）が考え（conceive）られないことがわかるであろう。さらに、私は尋ねる。私たちの観念がその像（Pictures）であり再現（Representations）であると想定されている原型（Originals）ないし外的な物（external Things）は、それら自身知覚されうるのかされえないのか、と。もしそれらが知覚されうるとしたら、それらは観念であり、私たちの勝ちである。しかし、もしあなたがそうではないとおっしゃるなら、色が、見ることのできないなにかに似ているとか、硬さや軟らかさが、触ることのできないなにかに似ているとかいった類いのことを、そうしたもののすべてについて主張するのは理にかなっているのかどうか、お尋ねする。(1)

バークリはここで、観念は心の中にしかないけれども、観念に似たもの（Things like them）が心の外にあるのではないかという問題を提起する。先述のように、第一節から第七節までの議論では、話題が心の中にある観念と、それを知覚しそれを「実体」として支える心だけに限定され、「考えないもの」や「知覚しないもの」に対する言及はあっても、「心の外」(without the Mind) にあるものの存在が正面から論じられることはなかった。これとは対照的に、バークリはこの第八節に至ってはじめて、心の外にある観念に似たものの存在の可能性を問題にする。

バークリの扱いはいたって簡明である。観念に似たものは、観念のほかにはないではないかというのである。観念は心の中にあって、心によって知覚されなければ存在しえない。としたら、観念に似たものが観念でしかない限り、それもまた心によって知覚されなければ存在しえず、したがって「心の外」にあることはできないと、話は進む。

バークリが提示した「観念は、観念にしか似ることができない」という考え方は、バークリ研究者の間では、「似たもの原理」(Likeness Principle) と呼ばれている。この名称を与えたのは、フィリップ・デイミアン・カミンズ (Philip Damien Cummins) である。彼は Philip Damien Cummins, 'Berkeley's Likeness Principle', *Journal of the History of Philosophy*, 4 (1966), pp. 63-69 において、この名称を使用した。以後バークリのこの原理は、「似たもの原理」と呼ばれることになった。(2)

2　デカルト的基盤

第八節では、まだ「物質」(Matter) とか「物質的実体」(Material Substance) とかいった言葉遣いはなされていないものの、第七節の最後に出てきた「考えない実体」という表現がここでも使われている。第七節までのバークリの議論では、主としてロックの見解が議論のベースになっていたが、第八節での問題設定は多分にデカルト的である。ここでその件について、二点指摘しておく。

まず、デカルトは、他のものを要しないでそれ自体で存在しうるものを「実体」と呼んだ(3)。そして、神と心と物体を、実体と認めた。今、神を別にすると、心（mens）は「考えるもの」（res cogitans）と言い換えられ、これに対して物体（corpus）は「延長するもの」（res extensa）と言い換えられる。心と物体はまったく異なるもので、その意味では、「延長するもの」としての「物体」は、「考えないもの」、「知覚しないもの」と言い換えることができる。物体もまた実体の一種と考えられているから、この意味での「考えないもの」ないし「知覚しないもの」は、「考えない実体」（unthinking Substance）でもある。この「考えない実体」という表現が、『原理』第一部の第七節と第八節に現れる。これはそうした意味で、デカルトの「心」と「物体」という二つの実体のうちの、後者を念頭に置いた言い方である（「心」と「物体」については、ロックも、これと同様の区別を行う）。

つまり、バークリはここで、デカルト的（・ロック的）な心としての実体と、その心の中にある観念の存在は認めるが、そこからさらに、観念に似たものが心の外にあると考えたり、心ではないなんらかの実体が心の外にあり、それが観念に似たものを持つと考えたりするのは不可能であるとして、心の外にあるとされてきた「物体」ないし「物質」の存在を否認しようとしているのである。

第二の点は、デカルトが心の中の観念と外にある物体との類似・非類似を問題にしたことが、バークリのここでの議論の基本的な枠組みを形成していると考えられる点である。

バークリがここで論じようとしているのは、私たちが現に感覚している日常「物」だと思っているもののさまざまな性質――例えば色や形や味や匂いなど――が心の中に存在する観念だという前提から、心の外にそれらに似たものがあるのかどうか、そして、それらに似たものを持つ「考えない実体」、つまり心ではない実体が心の外に存在すると言うことができるかどうかである。前章で触れたように、「観念」という言葉は外にあるなんらかのものを想定した形で導入されている。したがって、私たちが今直接感覚しているさまざまな色や形などは、心の中にあるものであって、バークリは、それに似たものが心の外にあると言えるかどうかを、つまり、心の中にあるものと外にあるものの類似関係を、問おうとしているのである。

こうした舞台設定は、日常私たちが馴染んでいる舞台設定とはすでに異なっている。バークリがもっぱら話題にしている日常私たちが「物」だと思っているものについては、私たちはそれを直接知覚していると一般に考えている。つまり、私たちは物をあるがままに直接知覚しているというのが、私たちの日常の一般的な見方であり、それは「直接実在論」(direct realism) 的である。実在しているものを直接あるがままに知覚しているという見方である。しかし、こうした日常的な「物」の捉え方に対して、デカルトは、新たな種類の「物体」を仮説的に想定し、そうした仮説を用いて、さまざまな現象をより十全に捉えようとした。ということは、私たちが日常「物」と思っているものとは異なるタイプの物体があるとの想定から、観念と、想定された物体との間の類似・非類似が、デカルトにとっては問題となるのであった(4)。

バークリが「観念は、観念にしか似ることができない」と主張するとき、彼の念頭にある否定すべき考えは、「観念そのものは心の外には存在しないけれども、観念がその写し (Copies) ないし類似物 (Resemblances) であるような、観念に似たものがあるかもしれず、そういったものが、心の外に、考えない実体（unthinking Substance）の中に存在するかもしれない」というものであった。問われているのは、「観念」と、「考えない実体」（この場合には「物質」）が持つ諸性質とが、「似たもの」という関係を持ちうるかどうかである。言い換えれば、「観念がその写しないし類似物であるような」ものが「心の外」にあって、「考えない実体」がそれを持っていると言えるかどうかである。例えば、今知覚している色という観念に似たものが心の外にあって、それを、考えない実体（つまり物質）が持っているということがありうるかどうかが、問われているのである。

私たちの、日常の直接実在論的な知覚観を考慮すれば、このバークリの問題設定は、随分とデカルト的である。先に述べたように、私たちの日常においては、私たちは今直接知覚しているさまざまな色や形を、心の中の観念と捉えることはないし、また、それらとは別の、それに似たなにかが、外にある物質的実体のありようとして存在していると考えることもない。したがって、私たちが今直接知覚しているものに似たものを考えるということ自体が、すでにデカルト（やロック）の舞台設定の中でなされているということを十分に理解しておかなければ、この第八節でのバークリの問題設定自体が奇異に感じられることになるであろう。

3　一次性質と二次性質（第九節）

さて、話を元に戻すと、バークリは先に見たように、観念に似たものが心の外に存在するという可能性を「似たもの原理」で否定するのだが、彼の時代には見えたり聞こえたりしているものに似たものがそのまま外の世界に存在するという素朴な考えを、先端の科学者たちはすでに持ってはいなかった。バークリはこのことをよく承知していて、続く第九節で、このような、もっと洗練された「外のもの」に関する考え方を取り上げる。彼は次のように言う。

> 一次性質（*Primary* Qualities）と二次性質（*Secondary* Qualities）を区別する人々がいる。彼らは前者によって、延長、形、運動、静止、固性ないし不可入性を意味する。また後者によって、色や音や味など、他の一切の可感的性質を表す。私たちが持っているこれらのもの〔二次性質〕の観念を、彼らは心の外に、知覚されずに存在するなにかに似たものとは認めないが、一次性質の観念は、心の外に、彼らが「物質」（*Matter*）と呼ぶ考えない実体（unthinking Substance）の中に存在するものの、様式ないし似像であるとする。したがって、私たちは、物質によって、延長や形や運動がその中に現実に存在する、不活性な、感覚機能のない実体（inert, senseless Substance）を理解しなければならない。けれども、私たちがすでに示したことから明らかなように、延長や形や運動は、心の中に存在する観念にすぎず、観念は、別の観念にしか似ることができない（an Idea can be like nothing but another Idea）ので、観念も、その原型も、知覚しない実体（unperceiving Substance）の中に存在することはありえない。ゆえに、「物質」（*Matter*）や「物体的実体」（*Corporeal Substance*）と呼ばれるものの思念そのものがその内に矛盾を含むことは、明らかである。[5]

第八節では、単に、観念に似たものが外に存在しないかどうかが問題であった。そして、観念に似たものは観念でしかなく、したがって観念に似たものを持つ実体は心でしかなく、心とは異なる「考えない実体」がそれを持つことはありえないと彼は論じた。今度は、もっと洗練された当時の最先端の物質の考え方が取り上げられる。デカルトが提示し、ロバート・ボイル（Robert Boyle, 1627-1691）ら原子論（粒子仮説）を採用する科学者が認め、ロックが「一次性質」と「二次性質」という言葉を用いて整理してみせた考え方である。

バークリの説明では、「一次性質」とは、「延長、形、運動、静止、固性ないし不可入性」のことである。また、「二次性質」とは、「色や音や味など、他の一切の可感的性質」のことである。原子論（粒子仮説）を採用した人々は、「色や音や味など、他の一切の可感的性質」に似たものが心の外に存在することを否定した。それらは、私たちの感覚器官に外から刺激が与えられた結果私たちが感じるにすぎないもので、外の世界にそれに似たものがあるわけではないと、彼らは考えたのである。これに対して、私たちが感覚している「延長、形、運動、静止、固性ないし不可入性」は、それに似たものが外の世界に実在していると、そうした人々は考える。バークリは、この最先端の見解をここで取り上げる。二次性質の場合、「色や音や味など、他の一切の可感的性質」に似たものは外にはないと言うのであるから、これを問題にする必要はない。問題なのは、一次性質の場合である。一次性質についてでは、その観念に似たものが「心の外に、彼らが「物質」（*Matter*）と呼ぶ考えない実体の中に存在する」と彼らは言う。これに対してバークリは、ここでもまた「似たもの原理」を適用して、それに似たものが心の外に存在することを否定する。一次性質の場合も、「観念は、別の観念にしか似ることができないので、観念も、その原型も、知覚しない実体の中に存在することはありえない」と言うのである。

4　ロックとバークリの語法の違い

ここで一点、注意すべきことがある。「一次性質」と「二次性質」という言葉を用いて原子論（粒子仮説）の論理を整理したのがロックであることは、先に触れたとおりである。バークリが粒子仮説の考え方をも右のように取り上げて論じるのは当然のことで、最先端の「物質」論を無視して、「物質否定論」を提出したというわけにはいかないのである。しかし、バークリはロックの語法に忠実ではない。しかも、バークリの解説が、その後ロックの語法を久しく誤解させるもとになった。そこで、ロックとバークリの語法の違いをここで見ておくことにする。

ロックは、原子論的（粒子仮説的）に新たに想定される「物そのもの」（Things themselves）ないし「物体そのもの」（Bodies themselves）のあり方を「性質」（Quality）と呼び、これを二つに分類した。一つは「物そのもの」ないし「物体そのもの」が他のものとの関係なしにそれ自体として持っているとされる性質で、これを彼は「一次性質」と呼んだ。具体的には、延長、大きさ、形、数、固性（Solidity）[(6)]、運動、静止などである。ところが、「物そのもの」はこうした一次性質しか持っていないにもかかわらず、他のものに働きかけ、さまざまな「能力」（Power）を発揮する。この能力のうち、私たち人間の感覚器官に働きかけ、その結果私たちに「物そのもの」が持っていない色や味や匂いや音や熱さや冷たさなどを感じさせる能力を、ロックは「二次性質」と呼んだ。つまり、「二次性質」

は新たに粒子仮説的に想定された「物そのもの」が、「一次性質」を基盤として発揮する「能力」の一種であって、それ自体が私たちが感じているような色であったり味であったりするのではない(7)。

こうした、新たに想定された外の物質世界に対して、心の中が考えられる。先に述べたように、私たちの感覚器官に外の「物そのもの」から刺激が与えられると、私たちは形を見たり色を見たり熱さ・冷たさなどを感じたりする。その感じられている形や色は、外からの刺激の結果私たちが感じているもので、心の中に現れているとみなされた。これをデカルトやロックは、他の、すでに心の中に現れるとみなされていたものとひとまとめにして、「観念」と呼んだのである。

私たちが感覚する形は、それに似たものが一次性質として、外にある「物そのもの」によって持たれている。これに対して、私たちが感覚する色は、それに似たものは、外の「物そのもの」にはない。物そのものにあるのは、私たちの感覚器官（この場合には視覚器官）に刺激を与えて、私たちに色を感じさせる、「二次性質」と呼ばれる能力である。

このように、ロックはデカルト説を踏襲して心と物体ないし物そのものを明確に区別し、心の中にあるのは「観念」で、外の物そのものが持っているあり方を「性質」とした。そして、繰り返すが、一次性質と二次性質は、いずれも、外にある物そのもののあり方のことを言う。

しかし、バークリの場合、この性質と観念の区別は曖昧で、彼の説明では、私たちが感覚しているさまざまなもののうち、「延長、形、運動、静止、固性ないし不可入性」が「一次性質」で、「色や音や味など、他の一切の可感的性質」が「二次性質」とされている。そしてこののち、「物体そのもの」や「物そのもの」のあり方の区別ではなく、私たちが感覚しているものの区別として「一次性質」・

「二次性質」の区別がなされることが、特に我が国においては一般的となった。今日、ロックが行った「一次性質」と「二次性質」の区別を取り上げてバークリのような説明をすることは、国際的には認められていない。

しかしながら、その区別の説明の是非はともかくとして、当時の先端の科学者が、私たちが感覚している「延長、形、運動、静止、固性ないし不可入性」に似たものが外に存在していると主張していることにバークリが留意していることは、重要である。彼はここでも「似たもの原理」を適用して、「延長、形、運動、静止、固性ないし不可入性」の観念に似たものはそれもまた観念でしかありえず、したがってそれらが「知覚しない実体の中に存在することはありえない」と釘を刺す。バークリにとって「似たもの原理」の威力がどれほど大きいかが、理解されるところであろう。

5　色が心の中にしかありえないのなら、形もまたそうである（第一〇節）

この洗練された物質肯定論に対する批判は、さらに次のように続けられる。

形や運動などの一次性質ないしもともとの性質（Original Qualities）が、心の外に、考えない実体の中に存在すると主張する人々は、それと同時に、色や音や熱さ、冷たさなどの二次性質はそうではないと認める。彼らによれば、二次性質は心の中にだけ存在する感覚であって、物質の微細な粒子のさまざまな大きさと組織（Texture）[8]と運動に依存し、それらによって引き起こされる。彼らはこれを、一切の例外なしに論証することのできる、疑いのない真理とみなす[9]。ところで、もしそれらのもともとの性質が、他の可感的諸性質と、分離不可能な仕方で合一していて、思考の中ですら、他の可感的諸性質から抽象できない〔切り離せない〕というのが確かであれば、そこから明らかに、それらは心の中にしか存在しないことが帰結する。そこで、なんらかの思考の抽象によって、物体の延長と運動を、他の一切の可感的性質なしに考え（conceive）られるかどうかを、〔心の中を振り返って〕反省し、試していただければと思う。私自身はどうかと言えば、心の中にのみ存在すると認められているなんらかの色などの可感的性質をそれに加えるのでなければ、延長し運動する物体の観念を形成することは明らかにできない。つまり、他のすべての性質から抽象された〔切り離された〕延長、形、運動は、考えることができない（inconceivable）のである。したがって、これらもまた他の可感的性質のあるところに、すなわち心の中になければならず、それ以外のところにはありえないのである[10]。

バークリはここで、一次性質と二次性質を区別するタイプの物質肯定論に対する、もう一つのタイプの反論を行っている。彼の主張は、例えば延長（広がり）を取り上げてみると、視覚の場合、延長というのは必ずなんらかの色を伴っている。逆に言えば、どんな色を想像してみても、その色はなんらかの延長なしにはありえない。この事実は古くから多くの人々がこれを認めてきた[11]。バークリはこうした事実を取り上げて、（視覚の場合）色のない延長はありえないが、色は、最先端の物質肯定論者の主張では心の中にしかないのであるから、色なしには考えられない延長もまた心の中にしかありえないと主張する。

粒子仮説をとる人々は、形や運動などを色などから切り離して、それだけを考えることができると言うが、それができないことは明らかだとバークリは考えている。そして、彼らは、色を、心の中にのみ存在しうると言うのであるから、その見解に従えば、色と切り離すことができない形や運動なども、当然心の中にしか存在しえないはずであり、後者のみを持つ物質が外にあるという考えはけっして容認することができないと、バークリは言いたいのである。

ここで一つ注意すべきことがある。これまで私が「考える」と訳してきた英語の動詞には、think のほかに conceive がある。後者は、第1章でも触れたように、バークリが好んで使用するもので、彼はしばしば imagine（想像する）と同様の意味でこれを用いている。右の「そこで、なんらかの思考の抽象によって、物体の延長と運動を、他の一切の可感的性質なしに考えられるかどうかを、〔心の中を振り返って〕反省し、試していただければと思う」という文の中の「考えられるかどうか」の部分も、conceive が使われている。つまり、ここでは、「物体の延長と運動を、他の一切の可感的諸性質なしに想像できるかどうか」が問われている。また、右の引用の最後近くにある「つまり、他のすべての性質から抽象された〔切り離された〕延長、形、運動は、考えることができないのである」という文でも、この動詞に由来する形容詞、inconceivable が使われている。つまり、「他のすべての性質から抽象された〔切り離された〕延長、形、運動は、想像することができない」と言われているのである。原子論者や粒子仮説をとる人々がこのような想像力に訴えるタイプの議論を行っていたかどうかは別途論じることにして、バークリは、このように、（例えば視覚の場合）色のついていない形は想像できず、その意味で、色と形が切り離せないことを確認する。そして、次に、色が心の中にしか存在しえないということから、それと切り離すことのできない形もまた心の中にしかなく、したがって、色のない形を持つものが外に存在するとするのはまったくおかしな考えであると主張するのである。

6　延長・運動・固性（第一一節）

バークリの、想像力に訴えての粒子仮説批判はさらに続く。前節（第一一節）の議論は、例えば心像としての色と形は分離できないということから、色だけでなく形もまた心の中にあり、心の外にはありえないとするものであったが、次に彼が行うのは、心像としての抽象観念を持つことができないということに依拠する議論である。

さらに、大きいと小さい、速いと遅いは、心の外のどこかに存在するものとは認められない。というのも、それらはまったく相対的なもので、感覚器官の仕組みや位置が異なるに応じて変化するからである。したがって、心の外に存在する延長は、大きくも小さくもなく、運動は速くも遅くもない。つまり、それらはまったくなにものでもない。しかし、とあなたはおっしゃる。それらは延長一般であり、運動一般である、と。こうして私たちは、心の外に存在する延長し運動しうる実体という考えがどれほどあのおかしな抽象観念説に依存しているかを理解する。そして、ここで私は、現代の哲学者〔＝学者〕たちが彼ら自身の原理によって陥ることになる物質ないし物体的実体についての曖昧で漠然とした説明が、アリストテレスと彼に追随する人々の中に見いだされるあの時代遅れのひどくばかにされている第一質料の思念にどれほど似ているかを指摘せずにはいられない。固性は延長なしには考え（conceive）られない〔想像できない〕。したがって、延長が、考えない実体（unthinking Substance）の中には存在しないことが示されているのであるから、同じことは固性についても真でなければならない[12]。

ここでバークリは、いくつかの論点を手短に提示している。まず、「大きいと小さい、速いと遅いは、心の外のどこかに存在するものとは認められない。というのも、それらはまったく相対的なもので、感覚器官の仕組みや位置が異なるに応じて変化するからである」と彼は言う。この議論は、古代ギリシャの原子論者デモクリトス（Δημόκριτος, c. 420 B. C.）が提示した、〈状況によって変わるという意味での「相対的」な性質を、原子に帰属させることはできない、なぜなら、そのいずれかを原子の本当の性質だとする理由はないからである〉という議論（いわゆる「相対性からの議論」[argument from relativity]）[13]の変形バージョンである。例えば、物の色は、状況の違い、例えば当たる光の色合いの違いによってさまざまに変化し、そのいずれかをそのものの本当の色とするわけにはいかない（せいぜい、慣れ親しんだ色はこれであると言うにとどまる）。これと同じように、「感覚器官の仕組みや位置が異なるに応じて変化する」ものは、そのいずれかが「心の外のどこかに存在するものとは認められない」と言うのである。

そうすると、外にあるとされる「延長」や「運動」は、仮にそのようなものがあるとしても、それは特定の大きさや速さを持っているものではない。つまり「それらはまったくなにものでもな〔く〕」、特定の大きさを持つわけではない「延長一般」、特定の速さを持つわけではない「運動一般」、すなわち「抽象観念」にほかならない。だが、そんなものはどう頑張ってみても私たちには心像として形成できそうにない。これは、かつてアリストテレス派の人々が言った、あらゆるものの材料ではあるものの、それ自体はどんなものでもないとされた「第一質料」（*Materia prima*）と同じで、「まったくなにものでもない」抽象観念をあるとするものだとバークリは言う。

こうして、「延長」が外にあることが否定されると、ロックが物そのものが持つ重要な性質の一つとした「固性」（Solidity）についても、バークリはこれが外に存在することを否定する。「固性」とは、物ないし物体が移動しない限り、それが占める場所に他の物ないし物体が侵入することを許さない性質のことである。バークリはこの「固性」について、それは「延長」なしに考えられるものではないから、「延長」が外に存在しないことになった以上、「固性」もまた外には存在しないと言う。バークリの言い方では、固性は「考えない実体〔すなわち「物質」〕の中には存在しない」のである。

7　数（第一二節〜第一三節）

こうして、バークリは、粒子論者が外の物質が持つとした「延長」、「運動」、「固性」が外に存在することを否定したあと、さらに「数」へと進む。彼は、これについて、第一二節で次のように言う。

仮に他のもろもろの性質が外に存在しうるとしても、数はひたすら心が創ったものである。このことは、同じものが、心がそれを見る際の観点の違いに応じて異なる数で呼ばれることを考察するなら、誰にとっても明らかであろう。例えば、心が延長を考察するとき、ヤードとフィートとインチのいずれの観点からそれを考察するかによって、同じ延長が一であったり三であったり三六であったりする。〔このように、〕数が目に見えて相対的で、人間の知性に依存していることからすれば、どうしてそれを心の外に絶対的に存在するとするのか、考えただけでも奇妙である。私たちは、一冊、一ページ、一行と言う。これらは、あるものが他のもののいくつかを含んでいるにしても、みな等しく単位である。そして、どの事例においても明らかなように、単位とは、心が任意に集めた観念のある特定の組み合わせのことである。(14)

ここでもバークリは「相対性からの議論」を用いる。同じものでも、私たちがどのような観点からそれを数えるかによって、異なる数で捉えられる。とすると、数は「ひたすら心が創ったもの」であって、心の外にあるものではない、と言うのである。

また続く第一三節では、自然数の単位である「一」もしくは「単一性」(Unity) が取り上げられる。

単一性は、単純な、あるいは非複合的な観念であって、ほかのすべての観念とともに心の中に入ってくると考える人がいることを、私は承知している。〔しかし、〕「単一性」という言葉に対応するそうした観念を自分が持っていることは、私には確認できない。もし私がそれを持っているとしたら、それを確認しそこなうはずがない。反対に、それは私の知性にとって最も親しみのあるものであるに違いない。というのも、それはほかのすべての観念に伴われ、感覚と反省のあらゆる仕方で知覚されると言われているからである。要するに、それは抽象観念である。(15)

ここでは、ロックが『人間知性論』で「単一性」について論じたことが、念頭に置かれている。(16)「単一性は、単純な、あるいは非複合的な観念であって、ほかのすべての観念とともに心の中に入ってくると考える人がいることを、私は承知している」とバークリは言う。だが、「「単一性」という言葉に対応するそうした観念を自分が持っていることは、私には確認できない」と言う。確かに、バークリのように観念を「心像」とする限り、(カント〔Immanuel Kant, 1724–1804〕が言うように(17))それに対応する観念をみつけることはできない。そのためバークリは、それをありもしない「抽象観念」であるとし、存在しえないものとする。

8　「相対性からの議論」の全面的適用とその限界
(第一四節～第一五節)

このように、バークリは、ロックが粒子仮説の観点から物そのもの(物質)がそれ自体として持つと仮定した「一次性質」の主要なもの、「延長」、「運動」、「固性」、「数」について、「相対性からの議論」と「抽象観念」否定論を組み合わせた議論によって、これらが外に存在することを否定する。そして、さらに、「相対性からの議論」をそれらに対してだけでなく全面的に適用することを、第一四節で提示する。彼はこの件について、次のように言う。

現代の哲学者〔＝学者〕は、ある可感的性質が物質の中に、あるいは心の外に、存在するのではないことを、あるやり方で証明するが、そのやり方を用いれば、他のすべてのどんな可感的性質についても、同じことを同じように証明することができる。このことを、私はさらに付言しておきたいと思う。(18)

そして、彼はまず、「相対性からの議論」が典型的に適用できる事例として、熱さ・冷たさを取り上げる。

例えば、熱さと冷たさは心の性状（Affections）でしかなく、それらを引き起こす物体的実体の中に存在する実在するものの様式ではまったくないと言われる。というのも、一方の手には冷たいものとして現れる物体が、他方の手には温かく感じられるからである。(19)

このように、状況によって異なって感じられるものは、それがそのままその感覚を引き起こすものの中にあるとは言えないと言う。そして、この論法が成り立つなら、「形」や「延長」についても同じ議論が成り立つはずだとバークリは言う。なぜなら、

形や延長は、同じ目にとっても、見る場所が異なれば、あるいは、同じ場所から見ても目の組織（Texture）が異なれば、違ったふうに見え、したがって、心の外にある一定の確定したなんらかのものの似像（Images）ではありえないからである[20]。

そして、さらにバークリは、次のように言う。

甘さは本当は甘い物の中にはないことが証明されている。なぜなら、熱があるときや味覚が損なわれたときには、物が変わらないのに甘さが苦さに変わるからである。同様に、運動も心の外にはないと言うのが、理に適っているのではないか。というのも、外的対象（external Object）が少しも変化していないにもかかわらず、心の中の観念の継起が速くなればなるほど、運動がそれだけ遅く見えることが認められているからである[21]。

こうしてバークリは、「相対性からの議論」を用いて、「熱さと冷たさ」、「甘さ」などと同じように、「一次性質」とされる「形」や「延長」、「運動」もまた「心の外にはない」と主張する。
そして、第一五節では、彼は以上の「相対性からの議論」を次のように総括する。

要するに、色や味が心の中にしか存在しないことを明らかに証明すると考えられているそれらの議論を考察するなら、それらの議論は延長や形や運動についても同じことを等しく証明することがわかるであろう(22)。

しかし、同じ論法を古代に提示したデモクリトスが示唆するように、この論法は、厳密には、外の物にそれらの性質がないことを全面的に明らかにするものではない。興味深いことに、バークリ自身、このことを心得ていて、それを次のように指摘する。

但し、打ち明けて言えば、この論法(this Method of arguing)が証明しているのは、外の対象(outward Object)には延長や色がないということではなく、むしろ、どれがその対象の本当の延長であり本当の色であるかは感官ではわからないということである。けれども、先の議論(the Arguments foregoing)は、色や延長をはじめとするどのような可感的性質も、心の外の考えない基体(unthinking Subject)の中に存在することはできないということを、あるいは実を言えば、〔そもそも〕外の対象といったようなものはないということを、明らかに示している(23)。

デモクリトスは、「相対性からの議論」において、例えば色は状況の変化によってさまざまに見え方が変わることから、どれがその本当の色かということについては、どれも同じようにその権利を有すると主張した。[24] バークリは「相対性からの議論」のこういう特質を心得ていて、それが証明するのは「どれがその対象の本当の延長であり本当の色であるかは感官ではわからない」ということだと言う。そして、彼はもう一度「先の議論」に戻って、それは「色や延長をはじめとするどのような可感的性質も、心の外の考えない基体の中に存在することはできないということを、あるいは実を言えば、〔そもそも〕外の対象といったようなものはないということを、明らかに示している」と言う。[25] 先の議論というのは、あの「似たもの原理」を中心とした議論である。一旦、観念と心の存在を確認してしまうと、そこから物質が持っているさまざまな性質を考えても、それらもまた「似たもの原理」によって観念以外のなにものでもないことになり、したがって、物質の存在を証明することはできないという、あの議論である。

9　「物質的実体」の矛盾（第一六節〜第一七節）

だが、バークリはさらに議論を続ける。次に彼が取り上げるのは、「実体」（Substance）ないし「基体」（Substratum）と言われるものである。これは、ロックが『人間知性論』で、なにかよくわからないものとして批判的に論じたことで知られているが、[26] バークリはここでロックのその議論を援用して、「実体」や「基体」が不明瞭なものであることを論じる。バークリは第一六節で次のように言う。

しかし、広く受け入れられている憶説を少し検討してみよう。延長は物質の様態もしくは偶有性であり、物質はそれを支える基体であると言われる。ところで、物質が延長を支える（*Supporting*）とはどういうことなのかを、説明していただきたい。あなたは言う、私は物質の観念を持っていないので、それを説明できない、と。これに対して私は答える。あなたは物質の絶対的な〔＝それ自体どういうものであるかという〕観念（positive Idea）[27]は持ってはいないものの、そもそもその意味がわかるのなら、あなたは少なくとも物質の関係的〔他のものとどう関わるかという〕観念（relative Idea）を持っているに違いなく、それが何であるかを知らなくても、それが偶有性に対してどのような関係を持っているか、そして、それが偶有性を支えることがどういうことなのかを、知っているはずである、と[28]。

先に触れたように、この「基体」と言われるものが偶有性を「支える」という件については、ロックがそれを『人間知性論』で取り上げ、「基体」ないし「実体」という伝統的な言葉の意味が「性質の支え」というきわめて不明瞭なものであることを論じた。バークリはそれを承けて、まず右のように、「物質」という「基体」が偶有性を「支える」とされていることを読者に確認させる。そして、その上で、次のように言う。

「支える」（*Support*）は、この場合、柱が建物を支えると言うときのような、その通常の、文字通りの意味で[29]、それを理解することはできない。とすると、それはどのような意味で理解されなければならないのか。

論旨は、ロックの場合と同じである。しかし、ロックはそれでもその不明瞭な意味しか持たない「実体」ないし「基体」という言葉を使い続けたのに対して、バークリは、「支える」という言葉の意味の不明瞭さを指摘することによって、延長を支える物質という考え方を退ける。これに関するバークリの議論は、さらに第一七節へと続く。彼は次のように言う。

> 最も鋭い哲学者〔＝学者〕たちが「物質的実体」（*Material Substance*）によって何を言おうとしているかを調べてみると、彼らはそれらの音に、存在するもの一般の観念（Idea of Being in general）と、それが偶有性を支えるという関係的思念のほかにはいかなる意味も付与していないと認めていることがわかる。存在するものの一般観念（general Idea of Being）は、私の見るところ、あらゆる観念の中で最も抽象的で不可解な（the most abstract and incomprehensible）ものである。そして、それが偶有性を支えるということについては、つい先ほど確認したように、それらの言葉が普通に意味することでもってそれを理解することはできない。したがって、それは別の意味で理解されなければならないが、それがどういうものかを彼らは説明しない。そのため、「物質的実体」という言葉によって表示されるものの二つの部分ないし要素を考察するとき、私はその言葉に判明な意味が付与されていないことを確信する。しかし、この物質的基体（Material *Substratum*）や、形や運動などの可感的性質の支え（Support of Figure and Motion, and other sensible Qualities）を論じることに、どうしてこれ以上かかずらう必要があろう。それは可感的性質が心の外に存在すると想定してはい

ないか。そして、これはあからさまな背理であって、まったく考えられない（inconceivable）ことではないか。(30)

バークリの見るところ、「物質的実体」というのは、「存在するもの一般」が、「偶有性を支える」という二つの要素からなる。そして、このうち、「存在するもの一般」の観念は、バークリが忌避する「抽象観念」の典型であり、本来ありえないものである。また、「支える」は、先の節で彼が論じたように、ロックの言うとおり、意味不明なものである。しかも、バークリが第一七節の最後で言うように、「存在するもの一般」が「偶有性を支える」と言うとき、それを主張する人々は、その「偶有性」（例えば形）を「心の外に存在すると想定して」いる。この、偶有性が心の外に存在するということは、これまで論じたことからすればまったくありえないことであり、「あからさまな背理」であるとバークリは言う。こうしてバークリは、「物質的実体」という観念がありえない観念であると主張するのであるが、彼のこの件に関する議論はまだ終わらない。

10 「物質的実体」は知られず、また仮説的に想定する必要もない
（第一八節〜第二一節）

バークリは次に、「物質的実体」が仮に存在するとして、私たちはどのようにしてそれを知ることができるのかと問う。彼は続く第一八節において、次のように言う。

しかし、私たちが物体について持っている観念に対応する、固性を持ち形があり運動しうる実体が心の外に存在することが仮に可能であるとしても、私たちはどうやってこれを知ることができるのか。私たちはそれを感官によって（by Sense）知るか、それとも理性〔的推論〕によって（by Reason）知るかの、いずれかでなければならない。私たちの感官について言えば、私たちはそれによって、私たちの感覚（Sensations）、観念（Ideas）、あるいは、それをどう呼んでもいいが、感官によって直接知覚されるものについての知識しか持たない。しかし、私たちの感官は、知覚されるものに似たものが心の外に、知覚されずに存在することを私たちに知らせることはない。このことは、物質肯定論者（Materialists）自身が認めている。したがって、残るのは、もし私たちがそもそも外的なものについて知識を持つことがあるなら、それは理性によって、外的なものの存在を感官によって直接知覚されるものから推論することによってでなければならないという選択肢である。しかし、どのような理性的推論が、私たちが知覚することから心の外の物体の存在を私たちに信じさせることができるのか。というのも、物質を肯定する人々自身が、心の外の物体と私たちの観念との間にはいかなる必然的結合（necessary Connexion）もないと主張しているからである。私に言わせれば、万人が認めるように（夢や白昼夢などで起きることからして疑問の余地のないことだが）、私たちが今持っている観念に似た物体が外に存在しなくても、それらの観念のすべてを私たちが持つことは可能である。したがって、私たちの観念を産み出すために外的物体を想定する必要がないことは明白である。というのも、私たちの観念は、外的物体の働きがなくても、私たちが今見ているのと同じ順序で産み出されることがあるだけでなく、ことによると常にそのような仕方で生み出されているかもしれないからである。(31)

「物質的実体」が知られるとしたら、それは「感官によって」か「理性〔的推論〕によって」かのいずれかによるしかないとバークリは考える。そして、感官が私たちに知らせるのは観念でしかないので、もし「物質的実体」が知られるとしたら理性的推論によるしかないが、それは「感官によって直接知覚されるもの」から「外的なものの存在」を推論するものでなければならないと言う。しかるに、バークリによれば、「感官によって直接知覚されるもの」と「外的なものの存在」との間には「必然的結合」がないから、その推論は成り立たない。つまり、夢や白昼夢の事例からして、外に物体がなくても、私たちはある観念群を持ちうるからである。したがって、理性的推論によって「物質的実体」を知ることはできないというのが、バークリの見解である。

バークリの議論は、ここでもまた、ロックのそれを想起させる。特に、「必然的結合」(necessary Connexion) という言葉は、ロックの『人間知性論』にしばしば登場する。(32) バークリがいかにロックに依拠しながらロック説の転覆を謀ろうとしているかが、ここにも垣間見られる。

さて、バークリによれば、物質的実体はそもそも知られないだけでなく、それを仮説的に想定しても意味のないことである。「第一部」第一九節ではそのことが論じられる。彼は次のように言う。

しかし、私たちは外的物体がなくても自分が持っている感覚をすべて持つことができるとしても、自分が持っている感覚に似たものとして外的物体を想定し、それによって感覚がどのようにして産み出されるかを考え説明するほうが、おそらく、他のやり方によるよりもたやすいであろう。したがって、物体のようなものがあって、それが私たちの心の中にその観念を引き起こすということは、少なくともありそうなことである〔と人は言うかもしれない〕。しかし、これもまた言うことのできないことである(33)。

ここでバークリは、「物体のようなものがあって、それが私たちの心の中にその観念を引き起こす」という、デカルト＝ロック的観念観に対して、正面からそれを「言うことのできないこと」だと言う。なぜか。彼は次のようにその理由を説明する。

というのも、私たちは物質肯定論者（Materialists）に彼らの〔主張する〕外的物体を与えても、彼らは彼ら自身が告白することからして、私たちの観念がどのようにして産み出されるかをもっとよく知るようになるわけではけっしてないからである。というのも、彼らは物体がどのような仕方で精神に作用することができるか、それがなんらかの観念をどのようにして心の中に刻印するかは理解できないと、みずから認めているからである。したがって、私たちの心の中での観念ないし感覚の産出は、物質ないし物体的実体を想定する理由とはなりえない。なぜなら、この想定があろうとなかろうと、観念の産出は不可解なままだとされているからである。したがって、もし物体が心の外に存在することが可能であるとしても、実際に存在すると考えるのは、非常におぼつかない憶説であるに違いない。というのも、それは、神が、まったく無用のいかなる目的にも役立たないものをおびただしく創造したと、なんの根拠もなく想定するにほかならないからである[34]。

ここでもバークリは、デカルトやロックの見解を巧みに用いる。確かに、デカルトによれば、心と、身体を含む物体とは、まったく異なるものであり、例えば視覚が成立するときには、眼底から脳に伸びる神経繊維によって光の刺激が脳の内側にまで伝えられてそこにある像が形成され、それがさらに松果腺の表面に描かれるという、身体（物体）の側でのある出来事が生起する。けれども、それはあくまで物体の世界で起きることであって、そのことが直接心に作用して心の中に色や形の感覚（観念）を生じさせるわけではない。身体の側での出来事は、あくまで、心の中に観念が生じる「機会」とされる[35]。また、ロックは、物質がどのようにして観念を産み出すかは私たちにはわからないと言う。この件について、ロックは例えば次のように言う。

物質の諸部分の凝集や連続、衝撃と運動による私たちの中での色や音などの感覚の産出、それどころか、運動の本来の振る舞いや伝達は、私たちが持つ観念との本性的結合を見いだすことができないようなものなので、私たちはそれを賢明な造物主の自由意志と善意によるものとせざるをえない[36]。

バークリが念頭に置いているのは、デカルトやロックに見られるこうした見解である。

バークリからすれば、これでは説明になっていない。外的物体の存在が想定されても、それで「観念の産出」が説明されるわけではなく、それは相変わらず「不可解なまま」である。ということは、外的物体の仮説的想定は、それによってなにかが十全に説明されるわけではなく、「神が、まったく無用のいかなる目的にも役立たないものをおびただしく創造したと、なんの根拠もなく想定するにほかならない」のである。

以上の議論を承けて、続く第二〇節では、先行する二節の議論が次のように要約される。

要するに、仮に外的物体が存在するとしたところで、私たちが外的物体の存在を知るようになることはありえない。そして、仮に外的物体が存在しないとし、それでも外的物体が存在すると考えるとしたら、その理由は、私たちが今理由としているもの以外にはあるまい。ある知的存在者（Intelligence）がいて、外的物体の助けを借りることなく、あなたが持っているのと同一の連続した感覚ないし観念を持ち、その感覚ないし観念がその知的存在者の心の中に同じ順序と同様の鮮やかさで刻印されていると想定しよう。その可能性は誰も否定できないことである。そこで私は尋ねる、この知的存在者は、あなたが物体的実体が存在していて、自分の観念はそれを再現しており、またそれが自分の観念を心の中に引き起こしていると信じるための根拠としているものを、すべて手にしているのではないか〔つまり、そんな根拠は一切持っていないのではないか〕、と。これについては疑問の余地はない。道理をわきまえた人がなんらかの根拠によって心の外に物体が存在すると信じているとき、その根拠が脆弱であることを悟らしめるには、これを考察するだけで十分である(37)。

要するに、外的物体が存在するとしても、私たちにはそれを知ることができないということ、そして、外的物体の存在を想定する人は、「外的物体の助けを借りることなく」今得ている「連続した感覚ないし観念」が得られる可能性があるのに、外的物体の存在を想定することによって、観念を得ているという事態をよりよく説明できると思い込んでいることが、改めてこの第二〇節で確認されているのである。

バークリは、さらにこれまでの議論を締め括るために、続く第二一節で、物質肯定論からどのような「間違いや難問」が出てくるかを示唆する。彼は次のように言う。

物質の存在を否定する論拠を、以上にとどまらず、もっと挙げる必要があるとしたら、物質が存在するという説から出てくる間違いや難点（不信心は言うにおよばず）のいくつかを挙げることができるであろう。その説は、哲学（＝学問）においておびただしい論議や論争を引き起こし、宗教においてはさらに重大な論議や論争を少なからず引き起こしてきた。しかし、私はここでそれらの詳細に立ち入ることはしない。というのも、もし私が間違っていなければ、アプリオリに十分に論証されたものを、アポステリオリな論証によって確証する必要はないと思われるからであり、また、アポステリオリな論証のいくつかについては、のちほど若干述べる機会があるからである。(38)

ここではあくまでそうした「間違いや難点」があることに触れるだけであるが、そのことは『原理』第一部第八五節以下で、改めて論じられる。

だが、彼の物質否定論は、まだ終わらない。第二二節から第二四節にかけて、バークリはいわゆる「マスター・アーギュメント」を提示する。

11　「マスター・アーギュメント」（第二二節〜第二四節）

まず、バークリはこれまでの議論を次のように総括する（第二二節前半）。

私はこの話題を必要以上に長々と扱っていると思われるようなことをしてきたのではないだろうか。というのも、少しでも反省ができる人になら一、二行でこれ以上になく明証的に証明できることを、何のためにくどくど述べるのか。自分の思考をのぞき込んで、音や形や運動や色が心の外に、知覚されずに存在することが可能だと考えられるかどうか、試してみるだけでいい。この至極簡単な試みによって、あなたは、ご自身が擁護しようとされていることが紛れもない矛盾であることに、気づかれるであろう。そこで私は甘んじてすべてをこの争点に託すことにする。(39)

問題は、「音や形や運動や色が心の外に、知覚されずに存在することが可能だと考えられるかどうか」である。彼は、次のように続ける。

もしあなたが一つでも延長し運動しうる実体が、あるいは一般に、一つでもなんらかの観念ないし観念に似たものが、それを知覚する心の中以外のところに存在することが可能であると考えることができるなら、私はすぐに自分の主張を取り下げよう。そして、あなたが擁護するあの外的物体からなる構造の全体については、あなたが、それが存在すると信じる理由を私に示したり、それが存在すると想定することにどのような効用があるのかを言うことができなくても、私はそれが存在することをあなたに認めよう。あなたの臆説が真である可能性があるということだけで、私はその臆説が真であると証明されたものとしよう。(40)

バークリの議論は、こうして、もう一度最初から論点をなぞり直す。私たちにとって、色や形は知覚されずには存在しない。としたら、それらを持つとされる外的物体を想定する理由はないというのである。そして、これを確認するためにバークリが第二三節と第二四節で行うのが、研究者の間で「マスター・アーギュメント」と呼ばれている議論である。それは次のように始まる（第二三節）。

しかし、あなたは言う、例えば、公園に木があり、私の部屋に本があるものの、それを知覚する人がそばにいないという状況を想像することほど容易なことは確かにない、と。私は答える、あなたのおっしゃるとおりであり、そこにはなにも難しいことはない、と。しかし、私は尋ねる、これはほかでもない、あなたがあなたの心の中に「本」や「木」と呼ぶある観念を形成すると同時に、それらを知覚しうる誰かの観念を形成しないでいるということではないか。しかし、その間中、あなた自身がそれらを知覚し、あるいはそれらについて考えているではないか。したがって、その反論は役に立たない。それは単に観念を心の中で想像したり作ったりする能力をあなたが持っていることを示すにすぎず、思考の対象が心の外に存在しうると考えることがあなたにできるということを示すものではない。それを立証するには、それらの対象は考えられることも思考されることもなく存在するとあなたが考えることが必要であるが、それは明らかな背理である。私たちが外的物体の存在を考えようと全力を尽くすとき、終始私たちは自分自身の観念を眺めているにすぎない。けれども、心は自分自身に注意を払わず、物体が思考されないまま心の外に存在すると考えることができるとか、現にそう考えているとかいった、思い違いをする。しかし、心がそのように考えるとき、物体は心自身によって把握されており、心自身の中に存在している。誰もみな、少し注意を払えば、ここに述べていることが真であり明らかであることに気づき、物質的実体が存在しないことの証明をこれ以上続ける必要はないことになるであろう(41)。

論点は明らかであろう。誰も知覚していない公園の木や私の部屋にある本を想像するのは容易だが、それはあなた自身が想像し知覚しているのであって、けっして誰もそれを知覚していないわけではないという主張である。つまり、何を考えようとも、それはあなたが考えている。したがって、それはあなたの「観念」であり、あなたの心の中にあるのであって、けっして心の外にあるのではないと言うのである。この主張は、どのようなものにでも全面的に適用できることから、先述のように、「マスター・アーギュメント」(master argument)と呼ばれている。そう名付けたのは、アンドレ・ギャロワ(Andre Gallois, 1945-, Andre Gallois, 'Berkeley's Master Argument, *Philosophical Review*, 83 [1974], pp. 55–69）である。

この「マスター・アーギュメント」をもって、バークリの物質否定の議論自体は一段落する。次の第二四節が、締め括りの言葉である。

「可感的対象の、それ自身における、心の外の絶対的存在」という表現が意味することを私たちが理解できるかどうかは、私たち自身の思考を少しでも調べてみればすぐにわかる。私の見るところでは、明らかに、それらの言葉は、あからさまな矛盾を表しているか、そうでなければなにも表してはいない。そして、これをほかの人たちに納得してもらうには、その人たち自身の思考に静かに注意を向けるよう お願いする以上に、容易で見込みのあるやり方を私は知らない。このように注意を向けることによって、その表現が内容空疎なものであるか、あるいは背理的なものであることがわかれば、彼らを納得させるには確かにそれで十分である。したがって、私が主張するのは、まさにこれである。すなわち、考えないものの絶対的存在というのは、意味のない言葉であるか、矛盾を含む言葉であるかのいずれかだということである。これこそ、私が繰り返し説き聞かせ、読者の注意深い思考に真剣に委ねようとしていることなのである。(42)

バークリがみずからの本領を発揮する第八節から第二四節までの物質否定論の議論。それは、このように、まず「似たものの原理」を用い、物質が持つ観念に似た性質をいくら考えようとしても、それもまた観念でしかなく、そうした観念に似たものを支える物質ないし物質的実体にはけっして到達できないという形を取る。一旦観念とそれを知覚する心から話を始めると、二度と物質には至れないというバークリのこの論法は、この部分（第八節から第二四節まで）の最後のところで再び「マスター・アーギュメント」として繰り返される。物質ないしそれが持っているはずのさまざまな性質を考えているのが「私」とか「あなた」とかである以上、結局私たちは観念の彼方の心の外にあるはずのものには至れない。こうしてバークリは、その本質を同じくする「似たもの原理」と「マスター・アーギュメント」とをこの部分の最初と最後に配置し、その間に、「一次性質」と「二次性質」が切り離せない以上一次性質もまた心の中にしかないとか、相対的なものを心の外に存在すると見ることはできないとかいったいくつかの議論を挟む形で、自身の「物質否定論」を盤石のものとして構築しようとするのである。

第4章　神と自然法則
——物質のない世界

はじめに

前章で見たように、バークリはいくつかの重要な議論を組み立てて、物質ないし物質的実体の存在を否定する。だが、バークリの物質否定論は、これだけでは終わらない。彼の議論は、さらに神の存在へと進む。

重要なのは、バークリにとって、私たちが日常「物」の世界だと思っている感覚的に直接知覚されている世界は、相変わらずその存在が肯定され続けていることである。但し、それは、第2章で見たように、デカルトやロックの場合同様、心の中の観念と読み替えられてのことである。

こうした重要な読み替えが行われているにもかかわらず、私たちが日々親しんでいる感覚的に直接知覚されているこの世界は、相変わらずこれまで同様存在し続けており、また、これまで同様、さまざまな規則性を私たちに示している。「自然法則」（Laws of Nature）である。
こうした事情から、『原理』第一部第二五節から第三三節までの部分は、神の存在と自然法則を主題とする。

1　観念の受動性と不活性（第二五節）

バークリは、第二五節で次のように言う。

私たちの観念ないし感覚ないし私たちが知覚しているものは、それがどのような名前で区別されようとも、すべて目に見えて非能動的（inactive）であって、その中にはいかなる能力（Power）も発動性（Agency）も含まれてはいない。したがって、ある観念ないし思考の対象が別の観念ないし思考の対象を産み出したり変化させたりすることはありえない。これが真であることを納得するには、私たちの観念をひたすら観察するだけでよい。というのも、私たちの観念もそのいずれの部分も心の中にのみ存在するのであるから、それらの中には知覚されるものしかないからである。ところが、感官の観念であれ反省の観念であれ、自分の観念に注意を向ける人はみな、その中に能力や活動性（Activity）を知覚したりはしない。したがって、観念の中にはそういったものは含まれてはいない。少し注意すればわかることだが、観念の存在そのものは、受動性（Passiveness）と不活性（Inertness）をその中に含んでおり、観念がなにかをするとか、厳密に言えば、なにかの原因であるとかいったことは、ありえない。また観念は、第八節から明らかなように、なんらかの能動的なものの類似物や様式ではありえない。そこから、延長や形や運動は私たちの感覚の原因ではありえないことが、明らかに帰結する。したがって、私たちの感覚が粒子（Corpuscles）の配列や数や運動や大きさに起因する能力の結果であるとの主張は、間違いなく偽でなければならない(1)。

ここでバークリが「観念」（Ideas）と「感覚」（Sensations）と「私たちが知覚しているもの」（the things which we perceive）を同一視していることに注意されたい。バークリにとって、私たちが今感覚的に知覚しているものは、私たちの日常においては「物」であったり「物」のあり方ないし性質であったりするものであるが、それが同時に「観念」であり、どこにあるかと言えば「心の中にのみ存在する」とされるのである。その「観念」もしくは「感覚」もしくは「私たちが知覚しているもの」を、バークリは「すべて目に見えて非能動的であって、その中にはいかなる能力も発動性も含まれてはいない」と言う。

観念が「非能動的」で、いかなる「能力」も「発動性」も含んでいない以上、それは「別の観念ないし思考の対象を産み出したり変化させたりすることはありえない」。したがって、観念を産み出したり変化させたりするなにかが観念とは別に存在しなければならないとバークリは考える。このなにかは、ロックの場合には、外的な物そのもの、物体そのもの（バークリの言う「物質」）である。しかし、バークリの場合、物質の存在は否定されており、また、ロック的粒子仮説が観念の原因とする「延長や形や運動」などは、バークリの場合、すでに観念でしかないことが確認されている。したがって、観念を心の中に産み出すこのなにかは、物質や物質の持つ性質とは異なるものに求められなければならない。

2 「心」が「原因」(第二六節)

バークリはこれについて、続く第二六節で次のように言う。

私たちは観念が連続的に継起するのを知覚する。新たに引き起こされる観念があるかと思えば、変化したりまったく見えなくなったりする観念もある。したがって、これらの観念が依存し、それらを生み出したり変化させたりするなんらかの原因がある。この原因がなんらかの性質や観念や観念を組み合わせたものではありえないことは、前節から明らかである。したがって、それは実体(Substance)でなければならないが、物体的実体や物質的実体が存在しないことはすでに示されたとおりである。したがって、結局のところ、観念の原因は、非物体的な能動的実体すなわち精神であることになる。(2)

バークリは、観念の「継起」、「生起」、「変化」、「消滅」を取り上げる。そして、その事実から、「それらを生み出したり変化させたりするなんらかの原因がある」とする。その原因は、なんらかの「性質」ではありえない。性質は、私たちがそれを考えている限り観念でしかなく、観念は前節で言われたように「原因」ではありえないからである。性質でなければ、性質を持つ「実体」であると話は進むが、その実体も、「物体的実体や物質的実体が存在しないことはすでに示されたとおりである」ので、そういったものではありえない。そこでバークリは、「観念の原因」を、「非物体的な能動的実体すなわち精神」(incorporeal active Substance or Spirit) であるとする。言い換えれば「心」である。

3　「心」とは？（第二七節〜第二八節）

その「心」(Mind) ないし「精神」(Spirit) について、バークリは次のように言う（第二七節）。

精神 (Spirit) は、一つの単純な、分割されない能動的 (active) なものである。それは、観念を知覚するときには「知性」(*Understanding*) と呼ばれ、観念を生み出したりなど、観念について作用するときには「意志」(*Will*) と呼ばれる。そのため、魂 (Soul) や精神の観念が形成されることはありえない。というのも、第二五節で述べたように、いかなる観念も、すべて受動的で不活性であるため、作用するもの (that which acts〔能動的なもの〕)〔の似像 (Image) や似たもの (Likeness)〕とはなりえず、したがって、作用するもの〕の似像や似たものとして、それを私たちに再現する (represent) ことはできないからである。少し注意すれば誰にでも明白なことだが、観念の運動や変化のあの能動的原理に似た観念を持つことは、絶対に不可能である。精神ないし作用するものの本性とはそういうものだから、それはそれ自身では知覚されることがなく、それが生み出す結果によってのみ知覚することができる。もしここに述べることが真であることを疑わしいと思うなら、なんらかの能力や能動的なものの観念を形成できるかどうか、そして、「意志」と「知性」という名前で表される二つの主要な能力の観念を、互いに別個のものとして持っているかどうか、さらには、それらの能力の観念を、実体（Substance）や存在するもの一般（Being in general）という第三の観念――その第三の観念は、そうした能力を支えその基体（Subject）をなすという関係的思念を伴うもので、その基体は「魂」や「精神」という名前で表示される――とも別個なものとして持っているかどうか、反省し試してみるといい。ある人々は、そういう観念をそのような仕方で持っていると考える。しかし、私の見るところ、「意志」、「魂」、「精神」という言葉は、それぞれ別の観念を表しているのではない。実のところ、それらはまったく観念を表してはおらず、観念とは非常に異なるものを表している。それは、作用者であって、いかなる観念にも似ることはできず、いかなる観念もそれを再現することはできない。但し、私たちがそれらの言葉の意味を知り理解する限りにおいて、魂や精神や、意志すること、愛すること、憎むことといった心の働きのなんらかの思念（Notion）を持っていることを、同時に私たちは認めなければならないのではあるが。(3)

バークリによれば、彼が「精神」とか「魂」とか「心」とか呼ぶものは、「一つの単純な、分割されない能動的なもの」である。それには「知性」と「意志」の両面があり、「観念を知覚するとき」は「知性」と呼ばれ、観念に作用するときは「意志」と呼ばれると言う。先に見たように、バークリによれば、観念は「能動的」ではないので、「魂や精神の観念」すなわち「能動的なものの観念」は形容矛盾となり、そういうものはありえない。つまり、「意志」、「魂」、「精神」は「作用者であって、いかなる観念にも似ることはできず、いかなる観念もそれを再現することはできない」のである。このように、バークリによれば、私たちの「心」は「能動的」であって、観念を引き起こしたり変化させたり消去したりすることができる。このことを彼はさらに第二八節で次のように強調する。

私は自分の心の中に任意に観念を引き起こし、都合に合わせていくらでも場面を修正したり変更したりできることを知っている。意志が働くだけで、すぐになにかしらの観念が私の想像（Fancy）の中に生じる。そして、同じ能力によってそれは消去され、他の観念に道を譲る。観念を作ったり壊したりするこの働きからして、まさに心は能動的（active）と呼ぶにふさわしい。以上のことは確かであり、それは経験に基づいている。しかし、考えない作用者（unthinking Agents）や、意志の働きなく観念を引き起こすこと（exciting Ideas exclusive of Volition）について語る場合には、私たちは単に言葉遊びをしているにすぎない(4)。

ここに見られる最後の一文、「しかし、考えない作用者や、意志の働きなく観念を引き起こすことについて語る場合には、私たちは単に言葉遊びをしているにすぎない」は、物質的実体が観念を引き起こすわけではないという、先に確認されたことの再確認である。

4　神へ（第二九節）

これまでのバークリの議論は、私たち一人一人の「心」をとりあえずは話題にしているように見える。しかし、第二九節からは、別の「心」へと話が次第に移っていく。まず彼は、次のように言う（第二九節）。

しかし、私が自分自身の思考に対してどのような能力を行使しようとも、感官によって現実に知覚される観念が、同じように私の意志に依存しているわけではない。白昼に目を開くとき、自分が見るかどうかを選択したり、どんな特定の対象が私の視野に現れるかを決定したりすることは、私にはできない。同様に、聴覚やほかの感官の場合にも、それらに刻印される観念は、私の意志が作り出すものではない。したがって、それらを産み出すなんらかの別の意志ないし精神が存在する。(5)

「感官によって現実に知覚される観念」は、「私の意志に依存しているわけではない」。つまり、私たちは自分の見たいもの、自分の聞きたいものを、自分の意志で自在に見たり聞いたりできるわけではない。「白昼に目を開くとき、自分が見るかどうかを選択したり、どんな特定の対象が私の視野に現れるかを決定したりすることは、私にはできない。同様に、聴覚やほかの感官の場合にも、それらに刻印される観念は、私の意志が作り出すものではない」。そこで、「それらを生み出すなんらかの別の意志ないし精神が存在する」とバークリは言う。

ロック的粒子仮説なら、その原因は、仮説的に想定された最先端の科学理論が想定する外的な粒子的世界に求められる。だが、そうした物質界の存在が否定されており、しかも、私たちの観念の生成・変化・消滅には原因がなければならず、さらにその原因が私たち自身（私たちの心）ではない以上、私たちはその原因を、私たちの心とは異なる別の心（「別の意志ないし精神」）に求めなければならないことになる。

5　自然法則と神（第三〇節）

ここでバークリは「感官の観念」（Ideas of Sense）と「想像の観念」（Ideas of the Imagination）とを区別し、次のように言う（第三〇節）。

感官の観念（Ideas of Sense）は想像の観念（those of the Imagination）よりも濃く（strong）、鮮明で（lively）、判明である（distinct）。同様に、それらは安定性と秩序と整合性を持っており、人間の意志の結果である観念がしばしばそうであるようにでたらめに引き起こされるのではなく、規則的なつながりや連続の中で引き起こされ、それらの見事な結合は、それを創る者の知恵と善意を十分に証拠立てる。さて、私たちが依存している心〔＝神の心〕は、定まった規則や確立された方法によって私たちの中に感官の観念を引き起こすのであり、そうした規則や方法は「自然法則」（*Laws of Nature*）と呼ばれる。そして、私たちはこれを経験（Experience）によって学ぶ。経験は、物事の通常の成り行きにおいてはかくかくの観念はしかじかの他の観念を伴うということを、私たちに教える。(6)

私たちは「想像の観念」を操作することができるが、それと比べて「感官の観念」は、はるかに私たちの自由にはならない。バークリは後者に「安定性と秩序と整合性」を認め、「それらの見事な結合は、それを創る者の知恵と善意を十分に証拠立てる」と言う。この「それを創る者」が、のちに「神」と呼ばれる。彼によれば、「それを創る者」すなわち「私たちが依存している心」は、「定まった規則や確立した方法によって私たちの中に感官の観念を引き起こす」。ここに見られる「規則」や「方法」が、「自然法則」である。この自然法則は、物質を認める人々が物質の世界にこれを想定するのに対して、物質界を否定するバークリは、ひたすら、「かくかくの観念はしかじかの他の観念を伴う」という意味での規則性としてこれを捉える。もとより、そうした規則性を私たちに教えるのは「経験」である。

6　自然法則の効用（第三一節）

神はいったい何のためにこのような「自然法則」を私たちに知らせるのか。それをバークリは生活の便宜に認め、次のように言う（第三一節）。

これによって、私たちはある種の予見を手にし、生活に益するよう自分たちの行動を律することができる。そして、これがなくては私たちは永久に途方にくれたままであろう。すなわち、感官の心地よさをわずかでも与えてくれることをどのようにして引き起こすか、どうしたら感官の苦痛を少しでも取り除けるかが、私たちにはわからないであろう。食べ物は私たちをはぐくみ、睡眠は私たちの元気を回復させ、火は私たちを温める。種まき時に種をまくのは収穫期に収穫するための方法である。そして、一般に、かくかくの目的を達成するには、しかじかの手段が助けとなる。私たちはこうしたすべてのことを、私たちの観念の間になんらかの必然的結合を発見することによってではなく、ただ確立した自然法則（Laws of Nature）を観察することによって知る。そうした自然法則がなければ、私たちはみな、不確かさと混乱のうちにあり、大人になっても、生まれたての乳児と同じように、人生の諸事においてどう振る舞えばよいかわからないであろう。(8)

自然の規則性がわかれば、私たちはそれを利用することができる。バークリはこれを、「私たちはある種の予見を手にし、生活に益するよう自分たちの行動を律することができる」と表現している。「一般に、かくかくの目的を達成するには、しかじかの手段が助けとなる」。これを私たちは「自然法則を観察することによって」、「経験」から知る。このこともまた、バークリによれば、感官の観念の原因たる神の特性（その知恵と善意）を示唆する。

7　なぜ私たちは「第二原因」を求めるのか（第三二節）

このように、神が自然法則を含む私たちの「感官の観念」の原因であるとすれば、なぜ私たちは神ではない、物質とか物体とかに原因を求めようとするのか。その理由を、バークリは次のように説明する。

しかし、この首尾一貫した一様な働きは、その意志が自然法則（Laws of Nature）を定めるところのあの統治する精神（governing Spirit）〔＝神〕の善性と知恵をあまりに明らかに示すので、その働きは、私たちの思考を彼へと導くどころか、むしろ第二原因（second Causes）を求めてさまよわせることになる。というのも、ある感官の観念が常に他の感官の観念を伴うのを知覚し、これは私たち自身がそうさせているのではないとわかっているとき、私たちは直ちに観念そのものが能力（Power）や発動性（Agency）を持っているとみなし、一方の観念を他方の観念の原因とするのであるが、これほどばかげたわけのわからないことはない。例えば、視覚によってなんらかの丸くて光る形を知覚するとき、同時に触覚によって「熱」と呼ばれる観念ないし感覚を知覚するのを観察すると、私たちはそこから、太陽が熱の原因であると結論する。そして、同じように、物体の運動と衝突が音を伴うことを知覚すると、私たちは後者が前者の結果であると考えたくなる。(9)

「ある感官の観念が常に他の感官の観念を伴うのを知覚し、これは私たち自身がそうさせているのではないとわかっているとき、私たちは直ちに観念そのものが能力や発動性を持っているとみな〔す〕」と彼は言う。観念が「能力」や「発動性」を持ちえないことは、すでに確認されている。「自然法則」は、あくまで観念どうしの関係として理解されるべきものであって、しかもそれは、ある観念に他の観念が恒常的に伴われること以上のものではないと、バークリは言う。

8 「実在する物」と、「物の似像」としての狭義の「観念」（第三三節）

以上の議論を承けて、バークリはこの『原理』の基礎的部分の最終節である第三三節で、次のように言う。

自然を創った者によって感官に刻印される観念は、「実在する物」（*real Things*）と呼ばれる。そして、想像において引き起こされる観念は、それほど規則的でも鮮やかでも恒常的でもないので、「観念」もしくは「物の似像」（*Images of Things*）と称されるのがより適切である。観念が、物を模写し、再現するのである。しかし、それでもなお、私たちの感覚は、どれほど鮮やかで判明であっても、紛れもなく観念であって、心自身が形成する観念と同じように、心の中に存在し、心によって知覚される。感官の観念（Ideas of Sense）は、その中に、心が作るものよりも多く実在性を持つ、すなわち、それよりも濃く、秩序だっており、整合的であると認められる。けれども、だからといって、それらが心の外に存在することにはならない。それらはまた、別のもっと強力な精神の意志によって引き起こされるという点において、それらを知覚する精神（Spirit）ないし考える実体（thinking Substance）にそれほど依存していない。しかし、それでもなおそれらは観念であり、疑いなくどの観念も、淡いものであろうと濃いものであろうと、それを知覚する心の中にしか存在することができない(10)。

繰り返し見たように、私たちが日常「物」と思っているものは、バークリの語法では「観念」である。私たちは日常そうした感覚される「物」を「実在する物」だと思っているが、その実在する物は、「自然を創った者によって感官に刻印される観念」にほかならない。したがって、それがどれほど「濃く、秩序だっており、整合的」であっても、「だからといって、それらが心の外に存在することにはならない」。

この「感官の観念」について、バークリは「それらはまた、別のもっと強力な精神の意志によって引き起こされるという点において、それらを知覚する精神ないし考える実体にそれほど依存していない」と言う。ここには二つの「心」への言及がある。一つは感官の観念を「知覚する精神ないし考える実体」としての私たちの心である。そして、もう一つはそれを引き起こす「別のもっと強力な精神」としての神の心である。バークリによれば、私たちの持つ観念にはこれら二つの種類の「心」だけが関わるのであって、ここに物質の介入する余地は一切ない。

第5章 反論と答弁
——一四の反論に答えて

はじめに

バークリは、「第一部」第三四節から第八四節にかけて、物質否定論に対する数多くの反論をみずから提起し、順次これに答えている。この反論と答弁は、バークリの見解を押さえる上で重要な手掛かりを多々与えてくれる。以下では、それらを順に取り上げ、その論点を確認する。

本章では、バークリが提示した反論を全部で一四あるとするが、反論の数え方は必ずしも一定していない。反論一二までは、反論九を除いて、それが何番目の反論であるかをバークリ自身が明示しているものの、反論一二とその答弁がどこまで続くか等について、いくつかの考え方があるからである。

かつてバークリ著作集を編集・刊行したフレイザーは、反論一二とそれに対する答弁は第六七節から第七九節までであるとし、第八〇節と第八一節を反論一三とそれに対する答弁、第八二節から第八四節までを反論一四とそれに対する答弁とした。[1] これに対して、ルース＝ジェサップ版バークリ著作集の『原理』を編集したT・E・ジェサップは、反論を一六に区分し、反論一二とそれに対する答弁は第六七節から第七二節までとし、第七三節から第七六節までを「物質的実体」を想定する理由を詮索する余談の部分と見、第七七節と第七八節を反論一三とそれに対する答弁、第七九節を反論一四とそれに対する答弁、第八〇節と第八一節を反論一五とそれに対する答弁、そして、第八二節から第八四節までを反論一六とそれに対する答弁とする。[2] また、「オックスフォード哲学テクスト」(Oxford Philosophical Texts: The Complete Editions for Students)シリーズの『原理』を編集したジョナサン・ダンシー(Jonathan Dancy, 1946–)は、反論一二とそれに対する答弁を第六七節から第八一節までとし、第八二節と第八三節を反論一三とそれに対する答弁、第八四節を反論一四とそれに対する答弁とした。[3] ここではダンシーの区分に従って論を進める。

1　反論一(第三四節〜第四〇節)

バークリは第一の反論を次のように説明する(第三四節)。

先述の諸原理によれば、自然の中に実在する実体的なものはすべてこの世から消え失せ、その代わりに妄想的な観念の組織体(a chimerical Scheme of Ideas)が現れる。存在するものはすべて心の中にしか存在しない〔……〕。そうすると、太陽や月や星はどうなるのか。家や川や山や木や石を、いやそもそも自分の身体を、どう考えるべきなのか。これらはすべて、想像上の妄想や錯覚にすぎないのか(4)。

バークリによれば、「想像の観念」だけでなく、日常「実在する物」と思っている直接感覚的に知覚される「物」もまた「観念」（感官の観念）であり「心の中」にあるのであるから、それを聞いた人がすべては「妄想や錯覚にすぎないのか」と考えるとしても、ある意味では無理からぬことであろう。これに対して、バークリは次のように答える。

先に述べた諸原理によって、私たちは自然の中の物をなに一つ失うことはない。およそ私たちが見たり触れたり聞いたり、どんな仕方にせよ考え（conceive）たり理解したりするものは、これまで同様安泰で、これまで同様実在的である。「諸物からなる自然」（*rerum natura*）(5)があり、実在するものと妄想の区別はその効力をしっかりと保ったままである。このことは、第二九節、第三〇節、第三三節から明らかである。そこでは、妄想ないし私たち自身が形成した観念とは対立する実在する物（*real Things*）が何を意味しているかを示した。だが、それでもなお、どちらも等しく心の中に存在するのであって、その意味ではどちらも同じように観念である(6)。

確かに、バークリ説では、日常的な意味での「実在する物」も「想像の観念」もどちらも観念ではあるのだが、その点を除けば、「実在する物」と「想像の観念」の区別は、しっかりと残されている。

したがって、その意味において、「私たちは自然の中の物をなに一つ失うことはない」のである。バークリはさらに続く第三五節で、自分の説は自分が目で見たり手で触れたりするものの存在を一切否定しないとし、次のように言う。

私がその存在を否定しているのは、哲学者〔＝学者〕が物質もしくは物体的実体（corporeal Substance）と呼んでいるものだけである。そして、これを否定しても、〔学者以外の〕他の人々にはなんの害も及ぼさない。あえて言うなら、他の人々は物質がなくても少しも困らないのである。(7)

日常私たちが「物」と呼んでいるものの存在を否定するつもりがバークリにはまったくないことは、これで明らかであろう。彼が否定しているのは、例えば粒子仮説をとる当代の学者がその存在を主張するような「物質」である。「物質」を否定しても学者以外の人々が困ることはないと彼は言う。

2　反論二（第四一節）

バークリは、第二の反論を、次のように切り出す。

第二に、例えば現実の火と火の観念との間、自分がやけどをするのを夢に見たり想像したりするのと実際にやけどをすることとの間には、大きな違いがあるということが、反論として持ち出される

であろう。(8)

これに対してバークリは次のように答える。

このような反論のすべてに対して、答えはすでに述べたことから明らかであるので、ここでは次のことだけを付言しよう。もし現実の火が火の観念と非常に異なるとしたら、同じように、それが引き起こす現実の痛みは、その痛みを観念として思い起こしたものとは非常に異なる。けれども、誰も、痛みの観念が知覚しないもの（unperceiving Thing）の中に、つまり心の外に存在するとか存在しうるとかとは言わないように、現実の痛みについてもそんなことを言う人はいないだろう。(9)

バークリの趣旨は、明らかであろう。現実の火と（狭義における）火の観念、現実の痛みと（狭義における）痛みの観念の違いは歴然としているが、痛みの場合、実在する痛みも狭い意味での観念としての痛みも「心の中」にしかないように、実在する火も火の観念も、いずれも観念である限り、心の中にしかないと言うのである。

3　反論三（第四二節～第四四節）

バークリが挙げる三つ目の反論は、次のようなものである（第四二節）。

第三に、次のような反論があろう。私たちは物を実際に私たちの外に、私たちから離れたところに見るのであるから、それは心の中に存在するのではない。なぜなら、何マイルも離れたところに見える物が自分自身の考えと同じように自分の近くにあるというのはばかげているからである[10]。

バークリがここで提起する問題は、しばしば注目されてきたものであり、バークリはこれについての積極的な解を、ほかの機会にも繰り返し提示している。

バークリの答弁は、この第四二節では、次のようになっている。

これに対する答えとして、夢の中で私たちはしばしば物を遠く離れたところに存在するものとして知覚するにもかかわらず、それらの物は心の中にしか存在していないとされていることを、考えてほしいと思う[11]。

確かに、夢はそれ自身私たちの心の中での出来事だが、その中で私たちはさまざまな物を離れたところにあるものとして知覚している。だから、心の中にあることと遠くにあることとが両立しないと考える理由はないと言うのである。

バークリはまずはそのように答えた上で、この反論に対してさらに詳しく答えようとする。彼は続く第四三節で次のように言う。

しかし、この点をもっと十分に明らかにするには、距離や、離れたところにある物を、私たちは視覚によってどのように知覚しているかを考察するのがよいであろう。というのも、私たちは実際、外的空間を見、またその中に現実に存在している物体を、あるものは近くにまたあるものは遠くに見るが、そのことは、これまで述べた、それらが心の外のどこにも存在しないということに、なんらか抵触するように見えるからである。先頃出版されたばかりの私の『視覚に関する新たな理論に向けての試論』〔以下『視覚新論』と略記〕の機縁になったのは、この問題の考察であった。そこでは、距離や、外にあること（Outness）は、視覚によって直接ひとりでに知覚されたり、線や角といったそれと必然的結合を持つものによって理解されたり判断されたりするのではなく[12]、ある視覚的観念と視覚に伴われる感覚とによって私たちの思考に示唆されるにすぎないことが示された。その視覚的観念や視覚に伴われる感覚は、それ自身の本性においては、距離や離れたところにある物に似ていたり、それらと関係していたりはしない。しかし、それらは、経験が私たちに教えるある結合によって、距離や離れたところにある物を示唆する。その示唆の仕方は、言語に属する言葉が、表示すべき観念を示唆するのと同じである。生まれつき目の見えない人が、あとになって見えるようになったとき、一目で自分が見ているものが自分の心の外にあるとか、自分から離れたところにあるとか思わないのはそのためである。これについては、『視覚新論』第四一節を参照されたい[13]。

バークリは、先ほどの第四二節では、心の中での出来事である夢の中でも私たちは距離を感じているということに言及するにすぎなかったが、第四三節では、名前を挙げてはいないものの、デカルトやロックやウィリアム・モリニューの説を念頭に置きながら、一七〇九年に刊行した『視覚新論』(George Berkeley, *An Essay Towards a New Theory of Vision* [Dublin: Jeremy Pepyat, 1709]) での議論を要約している。

この要約は、さらに第四四節でも続けられる。彼は次のように言う。

> 視覚と触覚の観念は二つの種類をなし、まったく別で異質である。前者は後者の印であり前兆である。視覚の固有の対象は、心の外に存在するのでも、外的な物に似たものでもないということは、『視覚新論』でも明らかにされていた。もっとも、『視覚新論』では一貫して、触覚的対象については反対のことが真であると想定されているのではあるが。そこで主張した考えに到達するには、〔触覚の固有の対象は心の外に存在するという〕あの通俗的な誤りを〔真であると〕想定しなければならなかったわけではない。視覚を論じるにあたって、その誤りを検討し排除することは、私の目的とするところではなかったからである。そういうわけで、厳密に言えば、視覚の観念は、距離と離れたところにある物をそれによって認知するときには、実際に離れたところに存在する物を私たちに示唆したり表示したりはせず、これこれの時間が経てば、これこれの行動の結果として、どんな触覚の観念が私たちの心に刻印されることになるかを私たちに気づかせるにすぎない。本書のこれまでの部分と『視覚新論』第一四七節ほかで述べたことから、次のことが明らかであろう。すなわち、視覚的観念は、私たちが依存している統治する精神〔神〕の言語であり、それによって私たち

は、自分の身体をどのように動かせば、彼〔神〕はどのような触覚的観念を私たちに刻印するかを知るのである。しかし、この点の詳細については、『視覚新論』そのものを参照していただきたい[14]。

要は、距離や奥行きが知覚されるのは触覚によってであり、視覚は私たちの経験を通して触覚と記号関係を持ち、視覚的観念も触覚的観念も心の中にあるにすぎないものの、その記号関係によって私たちは見ただけで距離や奥行きを感じるようになるのだというのである。したがって、「厳密に言えば、視覚の観念は、距離と離れたところにある物をそれによって認知するときには、実際に離れたところに存在する物を私たちに示唆したり表示したりはせず、これこれの時間が経てば、これこれの行動の結果として、どんな触覚の観念が私たちの心に刻印されることになるかを私たちに気づかせるにすぎない」とバークリは言う[15]。

4　反論四（第四五節〜第四八節）

反論四は、次のようなものである（第四五節）。

第四に、先に述べた諸原理からすれば、物は一瞬ごとに消滅しては新たに創造されることになると反論されよう。感覚の対象はそれらが知覚されるときにのみ存在する。したがって、木々が庭にあり、椅子が応接間にあるのは、誰かがそばにいてそれを知覚する間だけである。私が目を閉じると、部屋の家具はすべてなくなり、目を開けた途端にそれらは再び創造される[16]。

観念について、その存在は知覚されることにある（エッセ・イズ・ペルキピー）とし、また、ここで言う「物」が、日常的に私たちが「物」とみなしているもののことであるとすれば、そうした物が観念もしくは観念の集合体であるとする以上、それらは誰かが知覚しているときにしか存在しないことになる。つまり、「私が目を閉じると、部屋の家具はすべてなくなり、目を開けた途端にそれらは再び創造される」ことになる、というのである。この反論に対して、バークリは第四五節の後半で、次のように言う。

私はそれらすべてに次のように答える。読者におかれては、〔本書「第一部」の〕第三節、第四節等で述べたことを参照し、観念が現実に存在すると言うことによって、観念が知覚されることとは別のことを言おうとしているかどうかを考察していただきたい。私はと言えば、可能な限りどれほど詳細に調べても、〔「観念が現実に存在する」という〕その言葉によってなにか別のことが言われているということを確認することはできない[17]。

もとよりこれだけでは、提起された反論への十分な答えには見えない。そこでバークリは、第四六節でさらに話を続ける。

広く受け入れられている哲学〔＝学問〕の諸原理が、どれほどそれ自身、ここに言うところの背理の咎めを受けなければならないかを指摘しておくのも、まんざら悪くはあるまい。まぶたを閉じた途端に私の周りの目に見える対象がすべてなくなってしまうというのは、奇妙な背理だと思われている。にもかかわらず、これは、哲学者〔＝学者〕たちがみな、視覚の唯一の固有の直接的対象である光と色は、知覚されているときにしか存在しない感覚にすぎないと認めるとき、彼らが共通に承認していることではないか。さらに言えば、物が瞬間ごとに創造されているということは、おそらくある人たちにはきわめて信じがたいことのように見えるであろう。だが、この考え自体は、スコラ哲学で普通に教えられていることである。というのも、スコラ哲学者は、物質の存在を認め、世界の構造の全体が物質から形成されていると認めるものの、それは神による保存がなければ存続することはできないという見解をとるからである。これを彼らは連続創造（continual Creation）と説明する。(18)

ここでバークリは、二点の指摘を行っている。一つは、光や色は私たちが見ているときにしか（「知覚されているときにしか」）存在しないという点である。バークリの言う光や色、知覚される「物」は、観念であり、観念であるからには、知覚されなければ存在しないのは道理ということになるのだが、このことは、第2章で確認したように、ロックのような、当時の最先端の科学理論である「粒子仮説」を採用する人たちにとっては、当然のことであった。彼らにとって、「物そのもの」、「物質そのもの」は、私たちが知覚しようとしまいと存在していると仮説的に想定されている。これに対して、それが私たちの感覚器官に刺激を与え、それによって私たちが感じることになる感覚〔観念〕は、私たちが知覚しているときにしか存在しない。このことからすれば、「これは、哲学者〔＝学者〕たちがみな、視覚の唯一の固有の直接的対象である光と色は、知覚されているときにしか存在しない感覚にすぎないと認めるとき、彼らが共通に承認していること」だというのは、そのとおりである。バークリは、ここではまずこの点に注意を向けることによって、反論四に答えようとする。

バークリがここで指摘するもう一つの点は、スコラ哲学における「連続創造」説の存在である。「物が瞬間ごとに創造されているということは、〔……〕きわめて信じがたいことのように見えるであろう」というのに対して、バークリは、このような考え方はスコラ哲学にもあるではないかと言う。

確かに、この連続創造説は、ルネ・デカルトやフランシスコ・スアレス（Francisco Suárez, 1548-1617）を経てトマス・アクィナス（Thomas Aquinas, c. 1225-1274）の『神学大全』第一部第一〇四問題第一項（Thomas Aquinas, *Summa Theologiae*, Prima Pars, Quaestio CIV, Articulus 1）に遡ることができると言われてきた[19]。

バークリはこれについて、一七二九年一一月二五日付けのサミュエル・ジョンソン（Samuel Johnson, 1696-1772）[20]宛ての書簡で、次のように述べている。

ずっと物質世界のために戦ってきた人々は、それでもなお〔スコラ哲学者の言葉を用いれば〕能産的自然（*natura naturans*〔すべてを産み出すもの〕）が神であること、そして、神が物を保存することは、連続的に繰り返し創造すること（continued repeated creation）に等しく、実際にはそれと同じであること、要するに、保存と創造は出発点（*terminus a quo*）だけが異なることを、認めてきました。これらはスコラ哲学者に普通に見られる憶説で、世界を、神によって造られ運動が与えられたもの、あとは自力で動いていく時計のような機械だと考えたドゥランドゥス[21]は、その点において特殊で、あまり追随する人はいませんでした。詩人たちでさえ、「心が大塊〔物質〕を動かす」（*Mens agitat molem*）（ウェルギリウス『アエネーイス』第六巻）という、スコラ哲学者たちと変わらない説を提示しています。ストア派やプラトン派もいろいろなところで同じ考えをおびただしく示しています。ですから、私だけがこのような考えを提示しているわけではありませんが、それをそのような仕方で証明するのは私だけということになりましょう[22]。

バークリはこのように、この書簡で自分よりも前に多くの人々が同様の考えを提示してきたことを確認し、さらに続けて次のように言う。

さらに、神の能力と知恵をそれにふさわしい仕方で説明するには、神を、自然界を維持し統治する上で、従属的原因の媒介によって働きかけると見るだけでなく、偏在する限りなく活動的な精神として直接働きかけると見る必要があります。確かに時計はその振り子の重力が別の原因で続く限り、それを作った人や考案した人とは関わりなく動き、しかも、考案した人は、時計の十分な原因ではありません。ですから、時計と職人との関係は、世界と創造者との関係に等しいと考えるべきではありません。私にわかる限りでは、あらゆるものは、それを創造するだけでなくそれを保存する者としての神に必然的に依存しており、自然の全体は最初にそれを創造したのと同じ力によってその存在を支え維持しなければなくなってしまうということは、神の完全性に反することではありません。これは、最も高く評価されている哲学者〔＝学者〕の著作だけでなく、聖書にも合致することだと、私は確信しています。そして、もし人々が、自分が持っている能力の欠陥を補うために道具や機械を用いることを考えるなら、そうした道具や機械を神に帰するのは、神にとって名誉なことではないと、私たちは思うでしょう。(23)

さて、『原理』に戻ると、この件についてバークリは、第四七節でも次のように続ける。

さらに、少し考えただけで、次のことがわかるだろう。すなわち、物質ないし物体的実体の存在を認めるとしても、今日広く受け入れられている諸原理から、どのような種類の特定の物体であろうとも、それが知覚されない間は存在しないということが、不可避的に帰結するだろう。というのも、第一一節とそれに続く数節から、哲学者〔＝学者〕たちが主張する物質は、物体が私たちの感官に捉えられるときに互いを区別する手立てとなる特殊な性質をまったく持たない、不可解ななにかであることが明らかだからである。しかし、これをもっとわかりやすくするには、次のことに注意しなければならない。すなわち、物質の無限分割可能性は、少なくとも最も定評のある著名な哲学者〔＝学者〕たちによって今日広く認められており、彼らは承認された諸原理に基づいて、それを一切の例外なく論証する。そこから、物質は、どの微小部分（Particle）においても、感官によって知覚されることのない無限個の部分を持つことになる。したがって、個々のどの物体も有限な大きさを持つように見え感官に有限個の部分しか示さないのは、それ自身無限個の部分を含むことからすれば、それ以上の部分を含まないからではなくて、感官がそれらを識別できるほど鋭くないからである。したがって、感官がもっと鋭くなれば、それに応じて、感官はより多くの部分を対象のうちに知覚する。すなわち、対象はより大きく見え、その形は変化し、その輪郭をなす、以前には知覚できなかったもろもろの部分は、いまや、鈍い感官によって知覚されていた線や角とは非常に異なる線や角によってそれを囲んでいるように見える。そして、ついには、大きさや形がさまざまに変化したあとで、感官が無限に鋭くなると、物体は無限の大きさに見えるだろう。その間に、物体に変化はなく、ただ感官が変化するにすぎない。したがって、どの物体も、それ自体として考察されるなら、無限に広がっており、したがって、あらゆる形状ないし形を欠くことになる。ここから、次のことが帰結する。すなわち、物質の存在をどれほど確かだと認めるにしても、同様にまた、感官によって知覚される個々の物体やそれに似たものは心の外には存在しないということを、物質肯定論者自身がみずからの原理によって認めざるをえなくなるということも確かである。私は言うが、物質とその微小部分の一つ一つは、物質肯定論者によれば、無限で形がないことになり、目に見える世界を構成する多様な物体のすべてを形成するのは心であって、その物体のどれをとっても、知覚される以上に長く存在することはないのである(24)。

ここでバークリが行う「無限分割可能性」（infinite Divisibility）は、数学者の主張を念頭においたものであって、それによれば物質は無限に分割でき、彼の考えでは、それを知覚しようとすれば、物体は最終的には「無限の大きさに見える」とともに、「あらゆる形状ないし形を欠く」ことになる。彼は、このようなものは「感官によって知覚される個々の物体やそれに似たもの」とは到底考えられないとし、したがって、私たちが物体と考えるものはすべて心の中にあり、「知覚される以上に長く存在することはない」と結論づけることとなる。

無限に分割できるものの諸部分をどこまでも知覚しようとすると、それは無限に大きなものになるというバークリの論法の趣旨は、私たちが諸部分をさらにどこまでも知覚しようとすると、その物体を（例えば近づくとか虫めがねで見るとか顕微鏡で観察するとかいった仕方で）どんどん拡大してその諸部分を知覚することになると考えるなら、理解されると思う。しかし、数学者が言う「無限分割可能性」と、原子論（もしくは粒子仮説）で言われる「不可分割者」（原子）の存在想定とでは、各々の前提としている視点が大きく異なっている。すなわち、自然の諸現象をよりよく説明するにはどのような仮説を立てるのがよいかを原子論者が考えようとするのに対して、バークリが念頭に置く数学者はそれとは関係なく理屈上どうなるかを考えようとする。バークリがこうした差異をまったく無視した議論を行っている以上、ここでは彼の議論にこれ以上立ち入ることはしない(25)。

いずれにせよ、「反論四」に対する答弁の主眼は、私たちが知覚する／しないに応じて物が存在したりしなくなったりすることが、伝統的な考え方や当時の最先端の自然科学者の考え方からしてもけっして不合理とは言えないという点にある。この議論を承けて、バークリは「反論四」への応答を第四八節でさらに続ける。

考えてみればわかることだが、第四五節で提示した反論は、本来、私たちが述べてきた諸原理に向けてなされ、実際に私たちの考えに対する反論となる、といったようなものではない。というのも、私たちは確かに感官の対象を、知覚されずには存在しえない観念にほかならないと考えるものの、だからといって感官の対象が私たちが知覚する間しか存在しないと結論していいわけではないからである。というのも、私たちが知覚していなくても、それらを知覚するなんらかの他の精神（some other Spirit）があるかもしれないからである。物体は心の外には存在しないと言うとき、私は特定の心のことを言っているのではなく、どんなものであれ、あらゆる心のことを言っているのである。したがって、先の諸原理から、物体が瞬間ごとに消去されては創造されるとか、私たちがそれらを知覚しない間はまったく存在しないとかいったことが帰結するわけではない(26)。

ここでバークリは、「私たちが知覚していなくても、それらを知覚するなんらかの他の精神があるかもしれない」と言う。もとより、その「なんらかの他の精神」が神であるなら、「私たち」人間が誰一人知覚していなくても、神が知覚している限り「感官の対象」は存在し続けていることになる。したがって、感官の対象（物体）が「瞬間ごとに消去されては創造される」とか「私たちがそれらを知覚しない間はまったく存在しない」とかいったことにはならないと、バークリは言うのである。

バークリの論旨は明快だが、ここには問題がある。「私たち」人間が複数いてそれぞれがある「感官の対象」を知覚しているとしたとき、その対象は観念でありそれぞれの人の心の中にあるのだから、その対象が同じ一つの対象であることがバークリの場合にどのように考えられるのか。物質を想定する粒子論者の場合には、物質ないし物体は同一だがそれを知覚する人が持つ観念は人それぞれという意味で一般に複数あるという考えになるが、そうした外的な同一性を持つものが考えられないバークリの場合、それぞれの心の中に現れるものが同じ一つのものであることが、どのように捉えられるべきなのか。この問題は、神の心の中にそれらの原型があるという形で扱われることになるとしても、同じである。そのことを私たちがどのようにして証明できるかは、相変わらず謎のままである。

5 反論五（第四九節）

反論五は、次のようなものである（第四九節）。

第五に、もしかしたら、延長と形が心の中にだけ存在するのなら、心〔そのもの〕が延長と形を持つことになる、という反論があるかもしれない。というのも、延長は様態（Mode）もしくは属性（Attribute）であり、それは、（スコラ哲学者の言い方をするなら、）それがその中に存在するところの基体（Subject）に述語づけられるものだからである。(27)

例えばソクラテスという「基体」が「勇敢」という様態（あり方）を持ち、その様態が基体の「中に」あるのなら、ソクラテスという基体に「勇敢」という様態を「述語づけ」て、「ソクラテスは勇敢である」と言うことができる。もし延長と形が心の中に存在するというのなら、同様に「心は延長する」とか「心は形を持つ」とか言えるはずだというのが、反論五の趣旨である。

これに対して、バークリは、第四九節の続きの箇所で次のように言う。

私は答える。〔延長と形という〕それらの性質は、それらが心によって知覚されるときにのみ心の中にある。すなわち、様態や属性としてではなく、観念としてのみ、心の中にある。そして、赤い色や青い色が魂や心の中に存在し、それ以外のどこにも存在しないことがあまねく認められているからといって、魂や心が赤かったり青かったりするわけではないように、延長が心の中にしかないからといって、心が延長していることになるわけではない。哲学者〔＝学者〕たちが基体と様態について言うことについて言えば、それはきわめて根拠のない、理解しがたいことである。例えば、「サイコロは硬くて延長していて四角である」というこの命題においては、「サイコロ」という言葉は基体ないし実体を表しており、その基体ないし実体は、それについて述語づけられる硬さや延長や形とは異なるもので、硬さや延長や形はその基体ないし実体の中に存在すると、哲学者〔＝学者〕たちは主張する。これは私には理解不能である。サイコロはその様態ないし偶有性（Accidents）と呼ばれるものと異なるものではないと、私には思われる。そして、サイコロは硬くて延長していて四角であると言うことは、それらの性質を、それらとは異なるそれらを支える基体に属するとすることではなくて、「サイコロ」という言葉の意味を説明するにすぎない。(28)

論点は二つある。一つは、延長と形は、心が知覚する観念として心の中にあるのであって、心の様態や属性ではないという点である。だから、伝統的に様態や属性について言われてきたことは、ここでは当てはまらない。つまり、延長や形が心の中にあると言っても、それは心の「様態」や「属性」ではないので、それが基体に述語づけられることはこの場合にはなく、したがって「心が延長する」とか「心が形を持つ」とかとは言えない。同様に、心が「赤」や「青」の色の観念を持っていても、だからといって、「心が赤い」とか「心が青い」とかいうことにはならない。

論点の二つ目は、「基体」と「様態」ないし「属性」の区別が、根拠がなく理解しがたいという点である。バークリは、それ自身はいかなる性質も持たず、それが持つ諸性質とは区別される「基体」という考え方を容認しない。これは、「第一部」第一一節での「第一質料」に対する否定的態度と呼応する。「サイコロ」は、いかなる性質とも異なっていてさまざまな性質を持つだけの「基体」ではなく、それ自身さまざまな性質からなっているというのがバークリの考え方である。

6 反論六（第五〇節）

反論六は、次のようなものである（第五〇節）。

第六に、あなたは言うであろう。物質と運動によって非常に多くのものが説明されてきた。〔だから、〕物質と運動を取り去ると、粒子哲学（Corpuscular Philosophy）全体を破壊することになり、現象を非常にうまく説明してきた機械的原理を覆すことになる、と。要するに、自然の研究において古代の哲学者〔＝学者〕と現代の哲学者〔＝学者〕がなしたいずれの進歩も、すべて、物体的実体ないし物質が実在するという想定に基づいてなされてきたのである(29)。

この反論に対して、バークリは続けて次のように言う。

これに対して、私は答える。その想定に基づいて説明される現象で、その想定なしにはうまく説明されないようなものは、なに一つない。このことは、個々の現象からの帰納によって容易に明らかになるであろう。現象を説明するということは、私たちはなぜこれこれの機会にこれこれの観念を持つかを説明することとまったく同じことである。しかし、物質がどのようにして精神に作用するか、どのようにしてその中に観念を産み出すかは、どの哲学者〔＝学者〕もあえて説明しようとはしない。したがって、自然哲学において物質がなんの役にも立たないことは、明らかである。しかも、物事を説明しようとする哲学者〔＝学者〕たちは、物体的実体ではなく、形や運動などの性質によってそれを行うのであり、それらは本当は単なる観念にすぎず、したがって、すでに示したように、なにかの原因ではありえない。この件については、第二五節を参照されたい(30)。

さまざまな自然現象をうまく説明するために仮説的に試みられた「粒子哲学」は、言わば私たちの観念の向こうに、物質からなる世界を想定した。したがって、物質を否定すれば、その成果を否定することになる。こうした反論に対してバークリは、「物質がどのようにして精神に作用するか、どのようにしてその中に観念を産み出すかは、どの哲学者〔＝学者〕もあえて説明しようとはしない」と言う。確かに、先に触れたように、デカルトは心と物体（身体）がまったく異なるものであることから、身体の側で起きることが心の中で起きることの「機会」となることは認めたものの、物体がどのようにして心に作用するかは、これを立ち入って論じることはしなかった。この点は、ロックの場合も同じであった。バークリはこのことを心得ていて、「物質がどのようにして精神に作用するか、どのようにしてその中に観念を産み出すかは、どの哲学者〔＝学者〕もあえて説明しようとはしない」と主張する。

しかもバークリは、粒子論者が説明に使うのは形や運動といった性質だが、それらはみな観念でしかないため能動的な作用者ではありえず、したがって、観念を生み出す作用因ではありえないと言う。したがって、観念の生起を説明するために形や運動に依拠しても、求める説明にはならないと言うのである。

バークリの論旨は明らかであろう。しかも、このバークリの解説は、粒子仮説を見る際の別の観点を開くことになる。というのも、粒子仮説で言う「物そのもの」の諸性質（例えば形や大きさや運動など）もまた観念と捉え、粒子仮説で言う内的な観念と外的な物そのものとの関係を、因果関係ではなく、二種類の観念間の関係と読み替えれば、バークリの物質否定論の枠内で粒子仮説を肯定的に取り上げることが可能となる。晩年の『シリース』でバークリが行った粒子への言及は、まさしくこの観点からなされている(31)。あとで取り上げる反論一〇および反論一一に対するバークリの答弁も、この観点に連なる。

7　反論七（第五一節〜第五三節）

反論七は、次のように説明される（第五一節）。

第七に、このように言うと、自然的原因を取り去り、あらゆることを精神の直接の働きによるとするのはばかげているように見えないかと問われるであろう。私たちはこれらの原理に基づいて、もはや火が暖めるとか水が冷やすとか言ってはならず、ある精神が暖めるなどと言わなければならないことになる。このような言い方をする人は、笑われて当然ではないか(32)。

この反論に対して、バークリは同じ第五一節で、次のように言う。

私は答える。それはそうだろう。そういったことにおいては、私たちは学識のある人々とともに考え、一般の人々とともに語らなければならない（we ought to *think with the Learned, and speak with the Vulgar*）(33)。論証の上ではコペルニクス説が真であることを確信している人々が、それにもかかわらず、太陽が昇るとか、太陽が沈むとか、南中するとか言う。もしそうした人々が普通の会話の中で反対の話し方を好んで用いるとしたら、間違いなく非常に滑稽に見えるであろう。ここで言われていることを少し考えてみれば、私たちの説を受け入れたからといって、言語の普通の用法が変わったり妨げられたりするわけではないことは、明らかであろう[34]。

バークリの説を受け入れれば、火や水がなにかをするのではなく、すべからく心がなにかをするという、おかしな物言いになるという反論七に対して、バークリは、言語を学識ある人々用と一般用とに分けて、これに答える。学識ある人々との間では心がなにかをすると語らなければならないが、一般の人々と話すときには通常の話し方でいいと、バークリは言う。

だが、この件についてのバークリの答えは、まだ終わらない。続く第五二節で彼は次のように言う。

厳密な理論的な意味にとったときにどれほど間違っている言い回しでも、それが日常生活において私たちの中に適切な見解、すなわち、自分たちの幸福にとってなくてはならない行動の意向を引き起こす限り、保持しておいてよい。というよりも、これは避けられないことである。というのも、言葉の適切さは習慣が定めるため、言語は広く受け入れられた考え方に合うようになっているからであるが、その考え方は必ずしも最も正しいとは限らない[35]。

バークリはこのように言葉の問題についてさらに説明を続けたのち、第五三節では物質的原因がないとする自説に戻って、次のように言う。

物体的原因がないという見解については、これはこれまであるスコラ哲学者たちによって主張されてきたが、最近では別の現代の哲学者〔＝学者〕たちも主張している。こうした人々は、物質の存在を認めるものの、神だけを万物の直接的作用因（efficient Cause）とする。これらの人々は、感官のすべての対象の間にはそれ自身の中に能力や活動性を含むものはなく、したがって、このことは、感官の直接的対象に対してと同じように、彼らが心の外に存在すると想定するあらゆる物体についても同様に真であると見た。しかしそうすると、彼らはおびただしい数の被造物を想定するが、それらは自然の中でなに一つ結果を産み出すことができないとされており、神はそれらがなくても同じようにすべてのことをしてしまうのだから、それらはなんの目的もなく造られたことになる。この想定は、たとえ可能であると認めるにしても、非常に不可解な、奇妙なものである(36)。

この第五三節では、もう一度バークリの基本的な主張に戻って、そもそも物質ないし物体はすべて作用因にはなりえず、作用因であるのは神のみであるから、それでも物質が存在するとみなすとすれば、神が無駄におびただしいものを造ったという不合理なことになると言う。これによって、バークリは、物質の想定の奇妙さに、私たちの注意を向けさせようとする。

8　反論八（第五四節〜第五五節）

反論八は、次のように提起される（第五四節）。

第八に、人類が物質ないし外的な物の存在にあまねく一致して同意するということは、それらの打ち勝ちがたい論拠であると、人は考えるかもしれない。私たちは、全世界が間違っていると考えなければならないのか。もしそうだとすれば、それほど広く行き渡った優勢な間違いの原因を、何に帰することができるのか。(37)

これに対して、バークリは第五四節の続きのところで、次のように答える。

まず、綿密に調べてみれば、物質や心の外の物の存在を本当に信じている人は思うほど多くないということが多分わかるだろうと私は答える。厳密に言えば、矛盾を含むことや意味のないことを信じることは不可能であり、「物質や心の外の物の存在」という先の表現がその種のものでないかどうかは、読者の公正な検討に委ねる。確かに、ある意味では、人々は物質の存在を信じていると言うことができよう。すなわち、人々は、一瞬ごとに彼らを触発している、彼らにとってきわめて近しい自分の感覚の直接の原因が、感覚機能のない考えないもの（some senseless unthinking Being）であるかのようにふるまう。しかし、彼らが、それらの言葉が表している意味を明晰に理解しており、それについて定見を持っているとは、私には到底思えない。ある命題が本当は意味を持っていないのに、しばしば耳にしてきたため自分はそれを信じていると思い込み、それによって自己欺瞞に陥るといった事例は、これだけにはとどまらない。(38)

バークリは、このように、物質の存在が広く信じられていることは、それが正しいことを示すわけではなく、ある命題に意味はなくともそれが繰り返し言われることによってそれが正しいと思い込むことの一例であると言う。だが、バークリの答えはこれだけではない。彼は、さらに続く第五五節で、次のように言う。

しかし、第二に、私たちはある考えが常にあまねく揺るぎなく堅持されることを認めるものの、このことは、人類の中の思慮のない人々（そういう人々のほうがはるかに多いのだが）が至るところでどれほど多くの先入観や誤った憶説をきわめて頑迷に信じているかを考えてみるなら、その考えが真であることを証明する論拠としては脆弱でしかない。学者（Men of Learning）ですら、対蹠地や地球の運動を途方もなくばかげた考えとみなした時代があった。そして、学者が人類全体に占める割合がどれほど小さいかを考えるなら、今でもそうした考えは世界の中に非常にわずかの地歩しか占めていないことがわかるであろう。(39)

ここでバークリは地球を球とみなす見解や地動説を引き合いに出し、そうした考えを正しく受け入れている人々がどれほど少ないかを例として挙げ、先ほどの、「人類が物質ないし外的な物の存在にあまねく一致して同意するということは、それらの打ち勝ちがたい論拠である」という反論八に答えようとする。いずれにしても、多くの人々が信じているからといって、それが真理であることにはならないというのが、彼の論点である。

9　反論九（第五六節〜第五七節）

反論九は、バークリ自身これが九番目の反論であることを明記してはいないものの、次のようなものである（第五六節）。

しかし、私たちはこの先入観の原因を明らかにし、それが世間に広く行き渡っている理由を説明することが求められる(40)。

これについて彼は次のように言う。

これに対して私は答える。人々は、さまざまな観念を知覚しながら、それらが内部から喚起されるのでも自分の意志の働きに依存しているのでもないことから、自分自身がそれらの作り手ではないことを知っている。そのため彼らは、それらの観念ないし知覚の対象が心とは関わりなく心の外に存在すると主張したが、そういう言い回しに矛盾が含まれているとは夢にも思わなかった。しかし、哲学者〔＝学者〕は、知覚の直接の対象が心の外には存在しないことを明確に見てとったため、彼らは一般の人々の誤りをある程度訂正したが、同時に別の同様にばかげた誤りに陥ってしまった。

それは、心の外にはある対象が本当に存在しており、知覚されることとは関わりなく自存し、私たちが持っている観念はそうした対象によって心に刻印された、それらに似たもの（Images）ないし類似物（Resemblances）にすぎないというものである。そして、哲学者〔＝学者〕のこの考えは、その起源を一般の人々の考えと同じところに持っている。すなわち、彼らは、自分が自分の感覚を作り出しているわけではなかったことを意識しており、感覚が外から刻印されたものであること、したがって、刻印される心とは別のなんらかの原因を持たなければならないことを知っていたことから、そう考えるのである[41]。

このように、バークリは物質の存在が広く行き渡っている原因を、感覚が、私たち自身が作り出したものではなく、別のなにかを原因としているという私たちの考えに見いだす。そして、さらに彼は第五七節で次のように論を続ける。

しかし、なぜ彼らは感官の観念がそれに似たものによって私たちの中に引き起こされると考え、唯一作用することのできる精神に訴えることをしないのか。これは、次のように説明することができる。まず、彼らは、私たちの観念に似たものが外に存在すると想定したり、観念に似たものが能力や活動性を持つとしたりすることが、背理を含むことに気づかなかったからである。第二に、それらの観念を私たちの心の中に引き起こす至高の精神〔神〕は、人間という作用者が、身体の大きさ、肌の色、四肢や動きによって限定され可視化されるのとは異なり、特定の有限の可感的観念の集合体によって限定され可視化されることがないからである。そして第三に、至高の精神の働きは、規則的で一様だからである。人間は、自然の移り行きが奇跡によって遮られる場合には常に、優れた作用者が存在することを喜んで認めようとする。しかし、物事がいつものように進んでいるのを見ても、それによってなにかを顧みることはない。物事の順序と連鎖は、それらを創造した者の中に最も偉大な知恵と能力と善性があることの証しなのだが、その順序と連鎖はいつも変わらず私たちにとって馴染みのものなので、私たちはそれらがある自由な精神（*a Free Spirit*）の〔働きの〕直接的な結果であるとは考えない。その最大の理由は、作用が一定でなく変化することは、不完全さ〔の現れ〕であるにもかかわらず、自由（*Freedom*）の印とみなされるからである[42]。

バークリによれば、物事がいつものように進んでいるときには、そこに私たちは「自由な精神」の働きを認めない傾向がある。そのため、神が「規則的で一様」な働きかけを常にしているにもかかわらず、私たちはそれを顧みず、外に物を想定し、それらに能力や活動性を与えるという二重の誤りを犯すと、バークリは言うのである。

10　反論一〇（第五八節〜第五九節）

反論一〇は、次のように提起される（第五八節）。

第一〇に、次のように反論されるであろう。私たちが提出する考えは、哲学と数学のさまざまな健全な真理と整合しない。例えば、地球の運動は今日天文学者が、最も明晰かつ最も説得力のある理由に基づいた真理としてあまねく認めるところであるが、先述の諸原理からすれば、そのようなものはありえない。というのも、運動は観念にすぎないのだから、もしそれが知覚されないとすればそれは存在しないことになるが、地球の運動は感官によって知覚されることはないからである(43)。

当時すでに広く認められていた地動説では、地球が運動することは当然のことであった。しかし、「運動は観念にすぎない」ので知覚されなければ存在しないことになり、しかも、「地球の運動は感官によって知覚されることはない」。したがって、地球の運動は存在しないことになるというのが、反論一〇の趣旨である。

これに対して、バークリは次のように答える。

私は答える。その説〔地球の運動を認める説〕は、正しく理解されるなら、私たちがこれまで述べてきた諸原理と合致することがわかるであろう。というのも、地球が動くか否かという問いは、実際には、次のような問いにすぎないからである。すなわち、天文学者たちが観察してきたことからして、もし私たちがこれこれの状況に、つまり、地球と太陽の双方からこれだけ離れたこれこれの場所に置かれたとした場合、地球が一群の惑星の間を動き、あらゆる点においてそれらの惑星の一つであるように見えることを私たちが知覚すると結論できるかどうかという問いである。そして、

このことは、疑問に思う理由のない自然の確立された規則によって、現象から合理的に推論されるのである。(44)

存在することを知覚されることと同一視するバークリにとっては、知覚されないものの話は、それが知覚可能な状態に私たちがなったときにどういうことになるかの話である（こうした彼の姿勢は、すでに「第一部」第三節で示されていた）(45)。バークリによれば、地球の運動の是非は、私たちがそれを観察できる状況に置かれた場合に何が観察されるかに依存する。そして彼は、まさしく地球の運動は「現象から合理的に推論される」と言う。

バークリのこの議論はまだ続く。彼は次の第五九節で、次のように言う。

私たちは、自分の心の中で観念が次々と継起することを経験し、そこから、ある一連の多くの行動を行うと、それに応じてこれこれの観念が得られるだろうという、不確実な推測というよりも、確かな、根拠のある予測をしばしば行うことができ、自分たちが今置かれているのとは非常に異なる状況に置かれたときに何が自分たちに現れるかについて、正しい判断が行えるようになる。自然についての知識はここに存するのであって、それは、これまで述べてきたこととまったく整合するような仕方で、その効用と確実性を維持するであろう。このことは、天文学や自然における、星の大きさなどのもろもろの発見から引き出される似たような種類のどんな反論に対しても、容易に適用できるであろう。(46)

バークリの答弁の中で「もし……ならば……だろう」という考え方が重要な役割を果たすことは、ここでも確認できる。バークリは、現時点で知覚されているものを唯一「知識の対象」として扱っているかのような主張をしながら、同時に、「もしこのような状況に私たちが置かれるとしたらこのような観念が得られるだろう」といった仮想的状況の考察に、しばしば重要な役割を与える。バークリは、知識の対象としての重要な観念が今知覚されていないとすればそれは存在しないことになるという問題を、これによって回避できると考えている。これは、バークリ理解において重要な論点であり、この観点は次の反論一一に対する答弁にも接続している。

11　反論一一（第六〇節～第六六節）

反論一一は、第六〇節の全体で次のように提起される。

第一一に、植物のあの手の込んだ組織体や、動物の各部分の驚くべき仕組みは、なんのためのものかと問われるであろう。見事に設計され組み立てられたあれほど多様な内部の諸部分があろうとなかろうと、植物は生長し、葉や花をつけ、動物はそのあらゆる動きをなすことができるのではないか。というのも、その内部の諸部分は観念なので、能力的なもの、活動的なものを含んでおらず、それらが引き起こすとされる結果と必然的結合を有するわけではないからである。もしある精神が、命令ないし意志の作用によって、すべての結果を直接産み出すとするなら、人間が作ったものであれ自然が作ったものであれ、作られたものの中の精密・精巧なものはみな、無駄に作られたと私たちは考えなければならない。この説によれば、職人が時計のぜんまいや歯車などすべての仕掛けを作り、それらを、自分が意図した動きを産み出すとわかっているやり方で調整しても、これらはすべて無駄なことで、ある知性が指針に命じて時刻を指していると考えなければならない。もしそうだとしたら、なぜその知性は、さまざまな仕掛けを作ろうと骨を折ったりそれらを組み立てたりすることなしに、それをするようにしないのであろうか。なぜ空の時計の側《がわ》が、機械装置の入った時計の側と同じように機能しないのか。そして、時計がうまく動かないとき、それに対応したなんらかの不具合が仕掛けの中に見つかり、熟練の職人がそれを直せばすべてがもとのようにうまくいくのはどうしてか。同じようなことが、自然という時計仕掛けのすべてについて言えるであろう。その時計仕掛けの大部分は驚くほど精巧緻密で、最良の顕微鏡でもほとんど識別できないほどである。要するに、きわめて精巧に作られたおびただしい数の物体や機械は、通常の哲学〔＝学問〕では非常に適切な用途が与えられており、多数の現象を説明するのに役立っているのに対して、私たちの諸原理を基にした場合、どうしてそれらの物体や機械がうまく説明できるのか、言い換えれば、どうしてそれらの目的因を指定できるのか〔何のためにそれらがあると言えるのか〕が、問われるであろう。(47)

バークリは、この問いに対して、続く六つの節でこれに答える。

まず、第六一節で、バークリは二つの点においてこれに答えようとする。そのうちの一つについて、彼は次のように言う。

まず、神の統治（Administration of Providence）と、神（Providence）が自然のさまざまな部分に割り当てた用途については、先述の諸原理によって解決することができなかったいくつかの困難な点があるものの、この反論は、最高の明証性をもってアプリオリに証明される事柄にとっては、その真理性と確実性を覆すほどの重要性は持ちえない[48]。

バークリはこのように、神が造ったこの自然界にさまざまな仕掛けがあるものの、「神が自然のさまざまな部分に割り当てた用途」、つまり、なんのためにそれらが造られているのかということについては、「いくつかの困難な点がある」、つまりよくわかっていないところがあると認める。彼自身の「物質否定論」の原理をもってしても、そうした一つ一つのものが何のためなのか、先ほどの言い方で言えばその「目的因」が何なのか、これは自分の原理で「解決することができなかった」というのである。しかし、「この反論は、最高の明証性をもってアプリオリに証明される事柄にとっては、その真理性と確実性を覆すほどの重要性は持ちえない」と言う。『原理』第一部の第一節から第三三節で展開した彼の「諸原理」が、それによって個々の事象の「目的因」を明らかにするものではなく、何のためにそれらの仕掛けがあるのかを解明できないとしても、それでその諸原理が疑われることにはならないと言うのである。

バークリが第六一節で挙げる二つ目の解答は、次のとおりである。

> 第二に、だが、広く受け入れられている原理もまた、同じような困難な点を伴う。というのも、道具や機械によって物事を生じさせるという遠回りな方法を、いかなる目的のために神（God）は採用するのかが、やはり問われるだろうからである。そうしたことは、神が、みずからの意志で単に命じるだけで、そういった道具立てを一切用いることなくなしえたということは、誰も否定できない。というより、もし詳しく考察するなら、当の反論は、心の外にそうした機械が存在すると主張する人々のほうに、もっと強力な仕方で戻ってくることがわかるであろう。というのも、固性、嵩、形、運動などは、自然の中になんらかの結果を産み出すことのできるいかなる活動性（*Activity*）も効力（*Efficacy*）も含んではいないことは、すでに明らかとなっているからである。これについては第二五節を参照されたい。したがって、それらは知覚されなくても存在すると想定する人たち（その想定が可能であるとしてのことだが）はみな、明らかに、無駄にその想定を行っている。というのも、知覚されずに存在するということでそれらにどのような用途があるとされるかといえば、それはただ、知覚可能な結果を産み出すことに尽きるが、知覚可能な結果を産み出すのは、実のところ、精神以外にはありえないからである。[49]

つまり、この世界にはいろいろな仕掛けがあるが、神がすべての直接的作用因ならそういう仕掛けは要らないではないかという反論に対して、その反論なら、「広く受け入れられている」説すなわち粒子仮説にもっと強力に当てはまると、バークリは言うのである。そもそも粒子仮説では、観念のいわば向こう側に、「固性、嵩、形、運動など」の一次性質を持つ「物そのもの」ないし「物質」が想定され、それが私たちの感覚器官に働きかけて私たちはさまざまな「知覚可能な結果」を得ると言うのだが、バークリによれば、「固性、嵩、形、運動など」は、これもまた観念にほかならず、したがって、「いかなる活動性も効力も含んではいない」。したがって、このようなものからなる粒子仮説的な機械仕掛けの想定自体が「無駄」な想定であると、バークリは言うのである。

反論一一に対するバークリの応答は、さらに、自然の中になぜさまざまな機械仕掛けがあるのかという問題へと進む。第六二節では、彼は「自然法則」を取り上げ、次のように論じる。

> しかし、その困難な点をもっとよく見ると、次のことが観察されるに違いない。そういった諸部分や諸器官のすべてからなる構造体は、なんらかの結果を産み出すのに絶対に必要だというわけではないが、物事を自然法則に従って恒常的・規則的に産み出すのに必要である。自然の結果の連鎖の全体を、ある一般的な諸法則が貫いている。それらの法則は自然の観察と研究によって学ばれ、人々はそれらを、さまざまな現象を説明するためだけでなく、生活に役立てたり生活を飾ったりするための人工物を作るためにも利用する。この説明は、個々の現象が一般的自然法則に合致することを示すもの、あるいは、同じことだが、自然の結果の産出に存する斉一性を発見するものにほかならない。このことは、哲学者〔＝学者〕たちが現象を説明すると称する際に挙げるさまざまな事例に注意を向ければ、誰にとっても明らかであろう。至高の作用者によって維持されるこれらの規

則的かつ恒常的な働き方に大きな目立った用途があることは、第三一節で示した。そして、諸部分の、個々の大きさ、形、運動、配列は、なんらかの結果を産み出すためには絶対に必要だというわけではないが、それを永続的な機械的自然法則に従って産み出すためには必要であるということもまた、明らかである(50)。

例えば植物や動物はさまざまな構造を持ち、さまざまな部分や器官を有しているが、万能の神ならそうした部分や器官を造らずとも、知覚されるさまざまな結果を直接的に産み出すことが可能であったはずである。ではなぜ神は、そうした諸部分や諸器官を被造物に持たせたのか。

バークリによれば、そうした諸部分や諸器官は「なんらかの結果を産み出すのに絶対に必要だというわけではない」。だが、そうした物のあり方と、それらが産み出していると考えられている結果との間の規則的関係――すなわち「自然法則」――がわかると、私たちは結果に思わしくないところがある場合、それと規則的な関係を持っていると思われる諸部分のあり方に手を加えて、その結果を修正することができる。もしこのような、結果と連動する諸部分のあり方という関係がなければ、私たちには、常に、神が直接的に手を下した結果があるだけで、それをどうすることもできない。ある種の規則的関係がわかると、私たちはそれを利用して状況を変えることができるのであって、そのため、さまざまな結果だけでなく、それと規則的につながっていると思われる部分や器官のあり方が観察できることが、私たちの良き生にとって重要なのだと、バークリは考えるのである。

実際、バークリは、第六二節の後半部分で、さらに次のように言う。

こうして、例えば、神もしくは物事の通常の成り行きを維持し導く知性は、もし奇跡を起こそうと思うなら、誰も仕掛けを作って時計の中に入れたことがけっしてなかったとしても、文字盤上の〔針の〕あらゆる動きを引き起こすことができたであろう[51]。けれども、もし神が、創造に際して賢明な目的のためにみずから確立し維持してきた機械作用の諸規則に従って行為しようとするなら、仕掛けを作ってそれを正しく調整するという時計職人の行為が、先に述べた〔文字盤上の針の〕動きの産出に先行しなければならず、その〔文字盤上の針の〕動きに不具合があるときには、それに対応する仕掛けの不具合が知覚されなければならない。後者の不具合を直せば、すべてが元通りうまくいくというわけである[52]。

バークリの趣旨は、この例で十分に理解されるであろう。全能の神は、時計の仕掛けが内部になくても針を適正に動かすことができるが、それでは不具合が生じたときに、私たちにはなすすべがない。針の不具合に対応する仕掛けの不具合があることが確認され、両者の関係に規則が見いだされることによって、私たちは仕掛けを直して針の動きを正しくすることができる。このような例によって、バークリは、なぜこの自然の中にも同様にさまざまな仕掛けがあるかを説明しようとするのである。

反論一一に対するバークリの応答は、さらに四節続く。第六三節では、規則から外れた例外的な出来事が起こることについて論じる[53]。バークリによれば、その要点は、神が「自然の一般的規則」(general Rules of Nature) から外れたことを起こす力を持っていることを人々に知らしめ、「驚きと畏れ」の念を抱かせることによって、神の存在を認めさせることにある。

こうした議論のあと、バークリは、第六四節において、反論一一の要点をもう一度確認する。それは、バークリの言う「原理」に従えば、自然の中のもろもろの「物」は観念にすぎず、観念である限り、別の観念を産み出す原因にはなりえないということである。ところで、自然の中のもろもろの物の構造は、表に現れる物のあり方と、通常は、原因と結果の関係にあるかのように、秩序立った関係にある。しかし、自然の中の物も観念であって原因とはなりえないのであるから、なぜ神は、そうしたものをあえて造ったのか。これは不可解なことであり、背理法的にバークリの原理がよくないことを示しているのではないか。このように反論一一を捉え直したあとで、バークリは第六五節において、次のように言う。

これらすべてに対する私の答えは、まず、観念の結合は原因と結果の関係を含意せず、印（Mark）ないし記号（*Sign*）と表示されるものとの関係にすぎない。私が見る火は、私がそれに近づいたときに被る痛みの原因ではなくて、私にその痛みを前もって警告する印である。同じように、私が聞く音は、近くの物体が特定の動きをしたりぶつかったりしたことの結果ではなく、それの記号である。第二に、観念から機械を、すなわち、手の込んだ規則的な組み合わせを形成する理由は、文字を組み合わせて言葉にする場合と同じである。わずかの基になる観念によっておびただしい数の結果や行動を表示させるためには、それらの観念をさまざまな仕方で組み合わせる必要がある。そして、それらが恒久的かつ普遍的に使われるためには、それらの組み合わせは規則によって、賢明な工夫によって、作られなければならない。この手段によって、これこれの行動から何を期待できるか、これこれの観念を引き起こすためにはどのような方法をとるのが適切かについてのおびただしい情報が、私たちにもたらされる。私たちは、自然物であれ人工物であれ、物体の内的諸部分の形、組織、仕組みを識別することによって、それらに依存するさまざまな効用や特性、すなわち物の本性を知るようになると言われるが、それが判明に意味しているのは、実のところ、そうしたことにほかならないと、私は思う[54]。

この箇所は、バークリを理解する上できわめて重要である。バークリは、「物体の内的諸部分の形、組織、仕組みを識別する」ことを否定しない。その意味で、粒子仮説をとる人が言うことを全面的に否定するのではないことがわかる。彼が否定するのは、物体の内的諸部分のあり方が原因となって、その結果私たちにこのような知覚が生じるといったように、物に原因としての性格があるとする点である。バークリによれば、「物体の内的諸部分の形、組織、仕組み」も、観念でしかない。先ほどの時計の例でも言われていたように、こうした観念は、それが知覚されればそれが「記号」となって別のある観念が得られることがわかるという、記号論的役割を担うにすぎない。ここが、粒子論者とバークリの決定的な違いである。

この点を強調した上で、バークリは、続く第六六節で、反論一一に対する応答を次のように締め括る。

したがって、次のことは明らかである。すなわち、結果を産み出すために原因が共同し協力すると考えた場合にはまったく不可解で、私たちをひどい背理に陥らせるものも、私たちに情報を与える印ないし記号とのみ考えるなら、きわめて自然に説明され、適切かつ明確な用途が割り当てられることになる。そして、自然哲学者〔＝自然科学者〕の使命は、自然の造り主が定めたそれらの記号を調査し理解するよう努めることであって、物事を物体的原因によって説明するふりをすることではない。この、物事を物体的原因によって説明するというやり方は、あの能動的原理、すなわち、私たちがその中に生き、動き、存在する[55]ところのあの至高の賢明な精神から、人々の心をあまりにも遠ざけてしまったと思われる[56]。

12　反論一二（第六七節〜第八一節）

このあと、さらにバークリは、反論一二（第六七節〜第八一節）を取り上げる。反論一二は次のようなものである（第六七節）。

第一二に、おそらく次のように反論されるであろう。不活性で感覚機能のない、延長と固性と形を持ち、動くことのできる、心の外に存在する実体のようなもの――哲学者が物質と呼ぶようなもの――がありえないことは、これまで言われたことから明らかではある。しかし、物質という観念から延長、形、固性、運動という絶対的観念を取り除き、自分がその言葉で言おうとしているのは不活性で感覚機能のない、心の外に知覚されずに存在する実体であって、それが私たちの観念の機会となり、それがあるときに神は私たちの中に観念を引き起こそうとする、と言うのであれば、この意味での物質なら、存在するかもしれない。(57)

これに対しては、読者はすでに、これが答えるべき反論なのかと疑問を持たれているであろう。ここに言われている「実体」は、「不活性で感覚機能のない、心の外に知覚されずに存在する」ものであるから、「実体」とは言っても「不活性で感覚機能のない」等々の性質を除いては、なにも支えるものがなく、しかも、私たちには「知覚され〔ない〕」ものである。それを「私たちの観念の機会」としてその存在を認めよと言われても、答えようがあるまい。通常この反論一二は、マルブランシュ（Nicolas Malebranche, 1638-1715）の見解を念頭に置いたものとされている。(58) バークリ自身は、反論一二の問題性を順次指摘していくのであるが、ここではそれらに立ち入ることは控え、ジェサップが「物質的実体」を想定する理由を詮索する余談の部分と考えた第七三節から第七六節までのうち、第七三節の内容を見ておくことにする。

第七三節で、バークリは次のように言う。

人々が物質的実体の存在を想定するようになった動機について、少し振り返ってみるのも悪くはない。それらの動機ないし理由が次第に薄れて消えてしまうのを観察することによって、それらの動機や理由に基づいてなされた物質的実体の存在への同意を、撤回するためである。そのようなわけで、まず、色や形や運動などの可感的性質ないし偶有性が、心の外に実在すると考えられた。そして、そのことから、それらを内に持つある考えない基体ないし実体（some unthinking *Substratum* or *Substance*）を想定する必要があると思われた。というのも、それらはそれら自身で存在するとは考えられなかったからである。のちに、時が経って、人々は色や音などの可感的二次性質は心の外には存在しないことを確信し、この基体もしくは物質的実体からそれらの性質をはぎ取り、形や運動のような一次性質のみを残した。彼らはそれらをまだ心の外に存在するとし、そのため、それらには物質的な支えが必要だと考えた。しかし、なにものも、これらの一次性質でさえも、それを知覚する精神ないし心の中にしか存在できないことが示されたので、私たちは物質の存在を想定する理由をもはや持ってはいないことが帰結する。それどころか、［「物質」という］その言葉が、性質ないし偶有性の考えない基体（*unthinking Substratum*）を表し、それらの性質ないし偶有性はその中に、心の外に存在するとされる限り、そのようなものはまったくありえないことが帰結する。(59)

バークリのこの説明は、物質肯定論者の考え方を彼がどのように理解しているかをよく示しており、彼自身の「物質否定論」の趣旨を理解する上で参考になる。

13　反論一三と反論一四——キリスト教からの反論（第八二節〜第八四節）

バークリは一連の反論の提示とそれに対する答弁の最後に、キリスト教からの反論を挙げる。その一つ、反論一三は、次のとおりである（第八二節）。

ある人々は考える。物体が実在することについて理性的推論（Reason）から引き出される論拠は論証の域には達しないと認められるものの、聖書はこの点において明確であり、すべての良きキリスト教徒に物体が実在するとともに、それらが単なる観念以上のものであることを確信させる。というのも、聖書の中では、樹木、石、山や川、町、それに身体の実在を明らかに想定する事実が、数多く語られているからである、と[60]。

これに対してバークリは、次のように言う。

これに対して私は答える。聖なる書物であろうと世俗的な書物であろうと、そうした類いの言葉を通俗的な意味において、意味を持つように使用する書物は、どんな種類のものであれ、私たちの説によってその真理性が問題化する危険性はない。それらの物がすべて実在すること、物体が存在し、物体的実体ですら存在することは、通俗的な意味にとった場合、私たちの原理に合致することがすでに示されている。そして、物と観念の違い、実在するものと架空のものの違いは、明確に説明されている。しかも、私見によれば、哲学者〔＝学者〕が「物質」と呼ぶもの、ないしは、心の外での対象の存在は、聖書のどこにも言及されていないのである[61]。

バークリにとって、実在するものと架空のものの区別は「物質否定論」が導入されたのちも維持されるものであるから、右のような回答になるのは当然のことである。

また、反論一四（第八四節）の要点は、次のとおりである。

> しかし、奇跡は、私たちの原理によって、少なくともその重みや重要性の多くを失うと主張されるであろう。私たちはモーゼの杖をどう考えるべきなのか。それは実際に蛇になったのではないのか。それとも、見ている者の心の中の観念が変化したにすぎないのか(62)。

この反論に見られる「実際に」どうなっているかという話と「観念が」どうなったかという話の区別は、反論一三の「実在するもの」と「架空のもの」の区別同様、バークリとしてはこれまで繰り返し論じてきたことである。そのため彼は、「その説明をここで繰り返すのは読者の知性を侮辱するものだ」と言う(63)。

こうして、バークリの反論とそれに対する答弁は終了する。

第6章 物質否定論のメリット
——懐疑論と無神論を退ける

はじめに

前章で見たように、バークリは『原理』第一部第三四節から第八四節において、数々の反論をみずから提起し、これに答える。そのあと、第八五節以降において、項目を、「観念」（Ideas）と「精神」（Spirits）の二つに分け[1]、それまで論じたことからどのようなことが帰結するかを、「観念」に関わることと「精神」に関わることのそれぞれについて、順次論じる。「観念」については、第八六節から第一三四節までがあてられ、「精神」については、第一三五節から「第一部」最後の第一五六節までがあてられる。

みずからの物質否定論からどのようなことがさらに帰結するかを論じるこの最終部分の「序」にあたるのが、第八五節である。その節でバークリは、自分の原理により、「難しく理解しがたいさまざまな問い[2]」が消えてしまうと言う。そして、その例として、「物体的実体は思考できるか」、「物質は無限に分割できるか」、「物質は精神にどのように働きかけるか[3]」という問題を挙げる。そうした問いはみな物質の存在に依存しているため、自分の原理では解消されてしまうと言う。そしてさらに、自分の原理は、こうしたメリットだけでなく、宗教や学問においても益をもたらすだろうと話を続ける。

以下では、バークリが『原理』第一部第八五節から第一五六節までに行った議論のうち、その主要なものを取り上げて、彼の真意をより鮮明にするよう努める。

「観念」に関する部分での彼の議論の順番は、次のとおりである。

1 物質否定論の、懐疑論に対する有効性（第八六節〜第九一節）
2 物質否定論の、無神論に対する有効性（第九二節〜第九六節）
3 抽象観念説批判（第九七節〜第一〇〇節）
4 自然科学のための有効性（第一〇一節〜第一一七節）
5 数論のための有効性（第一一九節〜第一二二節）（第一一八節は、数学全般に対する前置きである。）
6 幾何学のための有効性（第一二三節〜第一三二節）
7 以上の議論の総括（第一三三節〜第一三四節）

また、「精神」に関する部分での彼の議論の順番は、次のとおりである。

1　私たちは精神の観念を持たない。観念は精神に似ていないが、私たちは「精神」という言葉の意味を理解することができ、また他人の精神を知ることができる（第一三五節〜第一四〇節）
2　魂は死すべきものではない（第一四一節）
3　抽象観念説批判を含むいくつかの観点から、魂に関する誤った見方を退ける（第一四二節〜一四四節）
4　他の心についての知識はどのようにして得られるか（第一四五節）
5　神について（第一四六節〜第一五五節）
6　結び（第一五六節）

以下では、この順序に従って、論を進める。

1　懐疑論の排除

すでに第1章で見たように、『原理』の目的の一つは「懐疑論」（Scepticism）の排除にあった。バークリは第八六節でこの議論にとりかかる（議論は第九一節まで続く）。

バークリがまず指摘するのは、「感官の対象の二重存在」（twofold Existence of the Objects of Sense）(4)を想定することが持つ問題性である。バークリによれば、この場合の「二重存在」というのは、一つは、「心の中の」（in the Mind）存在であり、もう一つは、「心の外の」（without the Mind）存在である。(5)

デカルトが「物体」（corpus）と呼び、ロックが「物そのもの」とか「物体そのもの」とか呼んだものは、バークリの言う「考えないもの」（unthinking Thing）であり、そうした「考えないもの」が、「精神によって知覚されることとは別に、それ自身本性的に自存する」(6)というのが、ここで言う「二重存在」説である。つまり、これは知覚される観念の存在とは別に知覚されずに存在するものを想定するもので、これをバークリは、「まったく根拠のないばかげた考え」であり、「これこそが懐疑論の根源である」と言う(7)。そして、その理由を、彼は次のように説く。

　というのも、実在する物が心の外に自存し、自分たちの知識は実在する物と合致する限りにおいてのみ本当の知識であると人々が考える限り、彼らは自分たちが本当の知識を持っていると確信することができなかったからである。というのも、知覚されるものが、知覚されないもの、すなわち心の外に存在するものと合致することが、どうして知られようか(8)。

　バークリによるこの「二重存在」説の批判は、観念と、「物体」や「物そのもの」や「物質」という二つのタイプのものの存在を認め、前者のみを直接知覚できるとする見解に対して繰り返しなされてきた批判の原型である(9)。批判は、一方（心の中にある観念）は知覚されるが、他方（心の外にある物質）は直接には知覚されないことに基づく。私たちの知識が本当の知識、すなわち真なる知識であるためには、知識と、外にあるとされる「実在する物」（物質）とが合致しなければならないが、外にあるものが直接知覚されるものではない以上、それを確認するすべがなく、したがって、私たちの知識が真の知識かどうかはわからず、なにも知りえないという「懐疑論」に陥るというのである。

この点について、バークリはさらに第八七節で次のように言う。

色や形や運動や延長などは、心の中の感覚とみなされるにすぎず、完全に知ることができる。というのも、それらの中には知覚されないものはないからである。しかし、もしそれらが、心の外に存在する物や原型と関わる、符号（Notes）や似像（Images）とみなされるとしたら、私たちはみな懐疑論に巻き込まれる。〔その懐疑論は、事態を次のように捉える。〕私たちは現れ（Appearances）[10]を見るだけであって、物の本当の性質を見ることはない。物の延長や形や運動が本当は絶対的にそれ自体として何なのかを知ることは、私たちにはできない。私たちに知ることができるのは、それらが私たちの感官に対して持つ対応や関係〔の結果〕だけである。物は同じものであり続けるが、観念は変化し、私たちの観念のうちのどれが、物の中に実在する真の性質を再現しているのか、そもそもそうした真の性質を再現する観念はあるのかといったことを、私たちは決定することができない。したがって、おそらく、私たちが見たり聞いたり触れたりするものは、すべて幻影や空しい妄想でしかなく、諸物からなる自然（*Rerum Natura*）[11]の中に存在する実在する物とはまったく合致しないかもしれない。この懐疑論は、すべて私たちが物と観念の違いを想定し、前者は心の外に、知覚されずに自存すると想定することから帰結する。この主題を詳論し、あらゆる時代の懐疑論者の主張する議論が外的対象の想定にどのように依存するかを明らかにするのは、容易なことであろう。[12]

バークリの論旨は明確である。ある人々は、知覚されない外的対象を想定するものの、その外的対象は知覚されないものであるから、彼らはそれを知ることができない。想定される外的対象が本当の「物」と見られる限り、私たちはそれを知ることはできず、したがって「懐疑論」となる。

バークリはこのタイプの懐疑論を、近代的「観念」語法を導入したデカルトにまで遡って論じる。バークリは第八八節で、「私たちは、哲学者〔＝学者〕たちが自分の感官を信用せず、天や地の存在、彼らが見たり触れたりするあらゆるものの存在、さらには自分自身の身体の存在さえも疑うのを知っている」[13]と言う。これは、デカルトが懐疑の過程の最終段階で示した見解である。[14]

もとよりバークリは、感覚される対象——彼の言う「可感的対象」——がそのまま自然の中に存在するとするなら、このような懐疑論は成立しえないと考える。「考えないものの存在」(Existence of an unthinking Being)[15]は「知覚されること」(*being perceived*)にあるのだから、考えないものを知覚されることなく存在すると考えるのは矛盾であり、この考えを捨てれば、知覚されるものがそのまま存在するとして、懐疑論の余地はなくなると言うのである。

2　別の心の存在

この「第一部」第八六節から第九一節までの懐疑論に対するバークリの反論には、特に注意しておくべきことがある。それは、バークリが「私」以外の心の存在を認めるとともに、その存在は推論によって知られるとしている点である。彼はこれについて、第八九節で次のように言う。

「もの」（*Thing*）や「存在するもの」（*Being*）はあらゆる名前のうち最も一般的な名前である。それはそのもとにまったく異なる異質の二種類のもの、すなわち、精神と観念とを含むものの、精神も観念も、どちらも「もの」や「存在するもの」という名前で呼ばれることのほかには、共通なものをなにも持たない。前者は能動的で分割できない実体であり、後者は不活性で、束の間の、依存した存在するもので、それ自身では自存できず、心ないし精神的実体によって支えられ、心ないし精神的実体の中にある。私たちは自分自身の存在を内的感触ないし反省によって把握し、他の精神（other Spirits）の存在を理性〔的推論〕によって把握する[16]。

このように、バークリは私以外の心の存在を推論によって知ると言う。この件は、第一四五節でも言及される。

この件とともにバークリの思想を押さえる上で参考になるのは、彼が続く第九〇節で行う、観念と「別の心」との関係についての言及である。彼は、次のように言う。

感官に刻印された観念は実在する物であり、実際に存在する。これを私たちは否定しないが、それらを知覚する心の外にそれらが自存できること、あるいは、それらが心の外に存在するなんらかの原型の類似物（Resemblances）であることを、私たちは否定する。というのも、感覚ないし観念の存在そのものは知覚されることにあり、観念は観念以外のものに似ることはできない（an Idea can be like nothing but an Idea）からである。さらに、感官によって知覚されるものは、その起源に関して「外的」（*external*）と呼ぶことができるが、それはそれらが内部から心そのものによって産み出されるのではなく、それらを知覚する精神とは別の精神（a Spirit distinct from that which perceives them）によって刻印されるからである。同じように、可感的対象は、別の意味で、すなわちそれらがなんらかの他の心の中に存在するとき、心の外にあると言うことができる。例えば、私が目を閉じるとき、私が見ていた物はそれでもなお存在することはできるが、それは別の心（some other Mind）の中にあるのでなければならない[17]。

このように、物は、私たちが知覚していなくても、「別の心」ないし「別の精神」が知覚していれば、存在し続けることになる。

3　無神論を覆す

懐疑論を論駁したあと、バークリは、第九二節から第九六節にかけて、無神論を覆すための議論を行う。

彼はまず、「物質ないし物体的実体の説」が懐疑論の主要な支えであっただけでなく、それはまた「無神論」（*Atheism*）と「無宗教」（Irreligion）の基盤であったと言う[18]。

バークリは、無神論や無宗教と物質肯定論との関係について、物質を肯定するある人々は、「世界のさまざまな出来事」に対する「優れた心〔神〕の摂理〔配慮〕や査閲」(Providence, or Inspection of a superior Mind)[19]を否定し、「自存し、感覚がなく、考えない実体」(self-existent, stupid, unthinking Substance)[20]すなわち物質を、万物の起源とみなすと言う。こうして彼らはあらゆる出来事を「ある物体が別の物体に与える衝撃」[21]から起こるとし、すべてを「まったくの偶然もしくは宿命的必然」(blind Chance or fatal Necessity)[22]に帰する。物質否定論は、無神論のこうした基盤を除去し、それを退けることになると彼は言う。

またバークリは、物質の肯定が「偶像崇拝」(*Idolatry*)の基盤でもあると言い、これを次のように説明する(第九四節)。

> 人々が、太陽や月や星をはじめとするあらゆる感官の対象は自分の心の中の感覚にすぎず、それらは単に知覚されること以外の存在を持たないと考えさえすれば、間違いなく、彼らはひれ伏して自分自身の観念を崇めることはけっしてなく、むしろ、万物を産み出し維持するあの永遠の目に見えない心に敬意を払うであろう[23]。

このあとバークリは、物質的実体の同一性の考え方に依拠するソッツィーニ派等の見解を取り上げ、物質否定論がこれを排することを論じたあと、これら一連の「無神論」と「無宗教」に対する反論を、第九六節で次のように締め括る。

ひとたび物質が自然の中から放逐されると、数多くの懐疑的な考えや不信心な考えが、これまで哲学者や神学者の悩みの種であり徒に人類をひどく困惑させてきた途方もない数の論争や困った問いが、それとともに放逐される。したがって、もし私たちが物質を否定するために提出してきた議論が論証に等しいと思えないとしても（私にはそれらは明らかに論証なのだが）、知識や平和や宗教を愛する人がみな、それらが論証に等しいものであってほしいと願うのは当然のことだと私は思う。(24)

4　抽象観念について

バークリは、間違いや困難の大きな源泉として、物質が心の外に存在するとする説とともに、抽象観念の存在を肯定する考えを挙げる。そのため、物質肯定論を取り上げたこれまでの議論に続けて、彼は第九七節から第一〇〇節にかけて、抽象観念について論じる。

バークリによれば、時間や場所や運動を具体的に考える場合、例えばいつどこへどのようにして行くかを考える場合には、そこにはなんの問題もない。しかし、それらが抽象化され、抽象的な時間一般や場所一般や運動一般が考えられるようになると、途端にそれらは不可解なものとなる。(25)この抽象化は、バークリによれば、「二重の抽象」（two-fold Abstraction）による。「第一に、例えば延長は、他のすべての可感的性質から抽象できると想定されており、第二に、延長の存在は、それが知覚されることから抽象できると想定されている」(26)。しかし、こうした抽象についての誤った考えを排して反省すれば、人々はすべての可感的性質は等しく感覚であり、等しく実在的であること、延長のあるところには色もあり、すなわちそれは自分の心の中にあること、そして、それらの延長や色の原型は、ある別の心にのみ存在しうること、そして、感官の対象は、感覚が組み合わされ混ぜ合わされ〔そう言ってよれば〕凝固したものにほかならず、それらはいずれも知覚されずに存在するとは想定できないこと[27]を承認するだろうとバークリは言う。

これとともに、第一〇〇節では、抽象観念説が道徳をも損なってきたことが、次のように指摘される。

人間にとって幸福であるとはどういうことか、ある対象が善いということはどういうことかは、誰もみな、自分は知っていると思うだろう。しかし、個々の心地よさのいずれからも切り離された幸福の抽象観念や、〔個々の〕善いもののいずれからも切り離された善の抽象観念を形成することができると言う人はほとんどいない。同じように、人間は、他の一切から切り離された正義の観念や徳の観念を持たなくても、正しく有徳であることができる。こういった類いの言葉が個々の人間や行為のすべてから抽象された一般思念を表すという憶説は、道徳を難しいものにし、その研究を人類の役に立たないものにしてきたと思われる。そして実際、抽象の説は、知識の最も役に立つ部分を損なうのに少なからず貢献してきた[28]。

ここでバークリは、物事を抽象化した考察がどのような意味で役に立たないかを、独自の視点から論じる。この件に関する彼の主張は、大いに耳を傾けるべきものと私は思う。だが、ここでバークリが示唆する、具体的な事柄を考察せよということと、彼が序論等で論じてきた抽象観念は存在しえないということは、別のことである。バークリが自身の一般観念説で抽象観念を暗黙のうちに使っていることについては、第7章を参照されたい。また、右の第一〇〇節の彼の発言については、本書の最終節で再説する。

5　自然科学における懐疑論の除去

こうした議論のあと、第一〇一節から第一一七節において、バークリは自然科学について論じる。彼は、「感官から受け取るもろもろの観念」および「それらの観念の関係」についての理論的な学として、「自然哲学」(*natural Philosophy* 自然科学)と「数学」(*Mathematics*)の二つを挙げる。[29] これまでの議論から容易に察しがつくことだが、バークリによれば、懐疑論者が勝利を収めようとするのはとりわけこの分野である。懐疑論者によれば、物の「実在的本質〔物としての本質〕や内的性質や構造」(real Essence, the internal Qualities, and Constitution)[30] は私たちから隠されており、私たちはただ、「物の外側や見かけ」(outside and shew of Things)[31] だけを見ている。

バークリは、こうした懐疑論者の見解に対して、これまでの論旨に従って再度批判を行う。懐疑論者はあの「二重存在」説を採用して、物の本性がわからないと言うのであるが、その二重存在説は、バークリによれば、観念に似たものを、観念ではない、知覚されずに存在するものと誤解することによって成り立っている。これを指摘することが、再度バークリの眼目となる。彼はこのことを、例えば第一〇二節で次のように言う。

> 近頃は、この隠れた性質はおおかた機械的原因に、すなわち、感覚できない粒子の形や運動や重さなどの性質に、帰着するとされている。けれども、本当は、運動をはじめあらゆる観念はまったく不活性であり、精神のほかには作用者や作用因はない。〔……〕したがって、色や音の産出を形や運動や大きさなどによって説明しようとするのは、徒労以外のなにものでもない[32]。

バークリはあの二重存在のうちの物質を否定し、心の外の物質的作用因を消去することによって、自然科学における懐疑論を除去しようとするのである。

6　自然科学についての他のいくつかの考察

自然科学について論じたこの一連の節（第一〇一節～第一一七節）の中でとりわけ興味深いのは、第一〇三節から第一〇六節にかけて行われる、「引力」を例にとっての議論である。

まずバークリは「引力」によるとされている現象をいくつか取り上げる。「石が大地に向かって落ちること」、「海が月に向かって膨らむこと」、「鋼鉄の諸部分がしっかりと凝集していること」[33]。バークリはこれらの現象に共通するものとして「物体の合一ないし相互接近」（Union or mutual Approach of Bodies）[34]を挙げる。言い換えれば、「地上の現象にも天界の現象にもある類似性があって、それによって無数の物体が互いの方に向かう傾向を持つことが示される」[35]というのである。バークリは、この傾向が「引力」と呼ばれることになるものの、それによってなにかが説明されたわけではないと言う。彼によれば、私たちが確認しているのは、さまざまな現象に、ある共通の規則性ないし法則性が見られるということであって、なんらかの特殊な働きをなす「作用因」としての「引力」が見いだされたわけではない。なぜなら、「作用因（efficient Cause）〔……〕は精神の意志（*Will of a Spirit*）以外にはありえない」[36]からである。そして、彼は続けて次のように言う。

自然哲学者〔＝自然科学者〕と他の人々の違い〔……〕は〔自然哲学者が〕いっそう広い理解力を持っていることだけにあり、この広い理解力によって自然の振る舞いの中に類比や調和や一致を発見し、個々の結果を説明する。すなわち、それらを一般的な規則に還元する〔……〕。その一般的な規則は、自然の結果の産出の中に観察される類比や斉一性に基づいており、〔心にとって〕きわめて心地よく、〔そのため〕心はそれを追い求めるのである[37]。

このように、バークリは、「作用因」を求めるのではなくて、自然のさまざまな現象の中に「類比や調和や一致を発見し」、そこから一般法則を導くことが、科学者の仕事だと考えている。しかも、この一般法則に従って、私たちは「未来の出来事を予測する」(predict Things to come)[38] ことができると言う。そして、彼は以上の考察を、第一〇七節において、次のように総括する。

これまで述べてきたことから、次のように結論することができるであろう。第一に、哲学者〔＝学者〕が心や精神とは異なるなんらかの自然の作用因を探究するとき、彼らは明らかに無益な遊戯にふけっている。第二に、創造はすべて賢明かつ善なる作用者のなせる業であることを考えれば、(ある人々が言うのとは反対に) 思考を物事の目的因 (final Causes) について働かせることが、哲学者にふさわしいことだと思われてしかるべきである。[39]

こうして、神が作ったこの世界の諸現象の目的因を探ることが哲学者にふさわしいと、バークリは結論づけるのである。

こうした議論のあと、第一一〇節から第一一七節において、バークリはニュートン (Isaac Newton, 1642–1727) の『自然哲学の数学的原理』(*Philosophiæ naturalis principia mathematica* [1687]) を取り上げ、絶対時間、絶対空間、絶対運動に言及し、絶対時間についてはすでに第九七節と第九八節で扱ったとして、絶対空間と絶対運動について論じる。バークリが私たちの知覚とは関わりのない空間や運動を是認しないのは、これまでの議論からして当然のことであり、彼は一連の議論を通じて絶対空間の不可能性を説き、絶対運動の考え方を排除する。

7　数論について

バークリは、第一一八節から第一三二節において、数学について論じる。そのうち、第一一九節から第一二二節までは「数論」（Arithmetic）に、第一二三節から第一三二節までは「幾何学」（Geometry）にあてられている。

バークリは、第一一八節で、数学もまた物質肯定論と抽象観念説に毒されているとの懸念を表明し、第一一九節以降、数論に対して手厳しい批判を行う。彼は第一一九節で次のように言う。

> 数論は数の抽象観念を対象とすると考えられてきた。その特性や相互関係を理解することは、理論的知識の重要な部分をなすと考えられている。抽象的な数は純粋で知的な本性を持つという憶説のため、思考の異常なまでの繊細さと高尚さを好んだと思われる哲学者〔＝学者〕は、抽象的な数を高く評価した。その憶説によって、実用性がなく遊びにしかならないこの上なくくだらない数的思弁が、価値あるものとされたのである。そのため、ある人々の心はこの憶説によって損なわれ、数には強大な神秘が含まれていると夢想し、自然の事物を数によって説明しようと企てた。しかし、もし私たちが自分の思考を調べ、これまで述べてきたことを考察するなら、私たちはおそらく、そのような高みへの飛翔や抽象を軽蔑し、数に関する探究のすべてを難解なたわごととしか思わないであろう。なぜなら、そうした探究は実用性を欠き、生活の利便性を高めるものではないからであ

る[40]。

このように、バークリの数論批判は手厳しい。要するに、それが扱っているのは数の抽象観念であって、「実用性を欠き、生活の利便性を高めるものではないからである」。この批判はさらに続く。第一二二節では「数論においては私たちは物ではなく記号を考察する」[41]と言い、

> 〔記号としての名前や文字〕をそれ自身のために研究するのは、人間が言語の真の用途ないし本来の目的や有用性を無視し、言葉に関する見当違いの批判とか言葉の上だけの推論や論争とかに時間を費やすのとまったく同様、愚かで無益なことであろう[42]

と結論づける。

8　幾何学について

「観念」についての一連の議論の最後は、幾何学についてのそれである（第一二三節〜第一三二節）。ここで話は「数」から「延長」に移る。彼の議論は「有限な延長の無限分割可能性」（*Infinit* Divisibility of *Finite* Extension）[43]に集中する。彼は第一二三節で次のように言う。

有限な延長の無限分割可能性は、その学〔幾何学〕の原論（Elements）〔ユークリッド（エウクレイデス）の Στοιχεῖα『原論』〕の公理や定理としてあからさまに主張されていなくても、原論の至るところで想定されており、幾何学の原理や論証と不可分かつ本質的な結合を有していると考えられているので、数学者はそれをけっして疑わず、それを問題視することは少しもない。そして、その考えは、人類の平明な常識とあからさまに矛盾し、まだ学識によって汚されていない心にはとても入りづらい、滑稽な幾何学的逆理のすべての源泉となっている。そのようなわけで、それは数学の研究をあれほど難しく退屈なものにしている手の込んだ極度の細かさのすべてを引き起こす主たる誘因である。したがって、もし私たちが有限な延長は無限個の部分を含まないとか無限に分割することはできないとかいったことを明らかにすることができるなら、私たちはこれまで人間の理性にとって恥辱とみなされてきた数多くの困難や矛盾を幾何学という学から一掃するとともに、幾何学をこれまでよりもはるかに少ない時間と労力によって修得するようになるだろう(44)。

つまり、問題は有限な延長、例えばある長さの直線について、それが無限に分割可能であるかどうかである。そもそも心像論の立場をとっているバークリからすれば、延長は、線や面にせよ、三次元的な立体や空間にせよ、それが像として思い描けることを要件とする。問題は、こうした有限な延長について、それを無限に分割可能と考えられるかどうかである。

バークリにとって、知覚されないで存在するような延長（点や線や平面図形や立体的なものないし空間）はありえない。彼の場合、私たちにとって知識の対象となるのは、知覚され心の中にあるとされる、感覚もしくは心像を主体とする、観念としての対象である。したがって、ここで有限な延長の無限分割可能性を考えるときには、例えば直線の場合、私たちが感覚的に知覚する直線や、想像力によって心の中に描かれる直線について、そこに無限個の諸部分をどこまでも知覚できるかどうかが問題になる。これについてバークリは、第一二四節で次のように言う。

> 個々の有限な延長は、いずれも、いやしくもそれが私たちの思考の対象になりうるものなら、心の中にだけ存在する観念であり、そのため、そのいずれの部分も知覚されなければならない。したがって、もし自分が考察する有限の延長の中に無限個の諸部分を知覚することができないとしたら、それらの諸部分がその中に含まれていないのは確かである。しかるに、私が感官によって知覚するにせよ、自分の心の中で像を描くにせよ、個々の線や面や立体の中に無限個の諸部分を区別することができないのは明らかである。したがって、それらはその中に含まれていないと私は結論する。〔……〕私は自分の観念のどの一つについても、それを無限個の他の観念〔すなわち無限個の諸部分の観念〕に分解することはできない。すなわち、私の観念は無限に分割することはできないのである。[45]

バークリはあくまで感覚もしくは心像としての延長の観念を考察している。そうした延長の観念は、「私が感官によって知覚するにせよ、自分の心の中で像を描くにせよ」、その中に無限個の部分を識別し、それをそれらに分解することは私たちにはできない。このことは、すでにロックが『人間知性論』において表明していた。ロックによれば、私たちが識別できる空間の最小部分は、「通常は、目を中心にした円の約一分であり、最も鋭い目でも三〇秒を下ることはめったにない」[46]。ロックはこの最小部分を「可感的点」(sensible Point)と呼ぶ[47]。この可感的点が、空間の観念について私たちが識別できる最小部分であるから、それを超えてさらに諸部分を識別し分割するわけにはいかない。バークリはこうしたロックの考察を継承し、感覚可能な最小部分を伝統的名称を用いて「可感的最小」(Minimum Sensibile)[48]と呼ぶ。そして、観念が感覚ないし心像である限り、延長の観念の無限分割可能性は認められないとする。

バークリによれば、「有限な延長の無限分割可能性」という考えは、抽象観念説と物質肯定論を基盤としている。まず、その考え方をとる人々は、個々の延長の観念を考えず、抽象的な延長の観念を話題にする。しかもそうした人々は、その延長が心の外に存在するとする。それによって、その延長に、ロックの言うような、私たちの知覚においてそれ以上小さい部分を識別できないという制限がかかるのを避けるのである。その延長が私たちの心の中にある観念であれば、バークリが考えるように観念が感覚や心像である限り、それは個々の特殊な感覚もしくは心像でしかなく、それには識別可能な最小部分があることになり、当然ながら、そうした心像としての延長に、私たちは無限小の部分を識別することはできない。

バークリはこうした視点からニュートンらの無限小に関する議論を批判し、数論の場合同様、彼の批判によって幾何学のある部分が失われようとも、それで幾何学の実用的な重要部分が失われることはないとして、次のように言う(第一三一節)。

およそ幾何学において有用であり人間の生活の便宜を促進するものは、私たちの原理によってもなお、堅固で揺らぐことはない。実用的な学とみなされる幾何学は、これまで述べたことから、不利益を被るのではなくむしろ益を受けることになるであろう。〔……〕それ以外のことについては、理論数学（*Speculative Mathematics*）のさらに複雑で難解な部分のいくつかは、真理を損なうことなく削除されるであろうが、それによって人類にいかなる損失ももたらされることはないと私は思う(49)。

9　「観念」についての一連の議論の総括

第八五節から始まる、自身の諸原理からの帰結を論じる箇所での議論は、先述のように、「観念」についての議論と「精神」についての議論とに分かれている。そのうち、「観念」についての一連の議論は、第一三三節で次のように総括される。

これまで述べたことから、きわめて多数の重要な間違いが、この論考のこれまでの部分で論駁された誤った諸原理から生じたことは、明らかである。そして同時に、それらの誤った説の反対の説が最も実り多い原理であって、真の哲学〔＝学問〕にとっても宗教にとってもきわめて有効な無数の帰結がそこから出てくるものと思われる。特に、物質ないし物体的対象の絶対的存在は、人間に関する知識であれ神に関する知識であれ、すべての知識にとっての最も公然たる有害な敵が、その主たる支えとし頼りとしてきたものであることが示された。確かに、もし考えないもの（unthinking Things）が実在することを、それらが知覚されることと区別し、それらが人々の心の外にそれ自身で自存することを認めても、それによって自然の中のものがなに一つ説明されるわけではなく、反対に、非常に多くの説明できない困難が生じるとすれば、もし物質の想定に一つも理由となるものがなくて、その想定が根拠のないものでしかないとすれば、もしそれからの帰結が検討と自由な探究の光に耐えられないものであって、無限のものは不可解であるという意味不明の漠然とした口実のもとに身を隠そうとするのであれば、さらには、もしこの物質を除去しても悪い結果が起こることはまったくないとすれば、もし物質がなくても少しも困らず、すべてがこれまで同様、というより、物質がないほうがもっと容易に考えられるとすれば、そして最後に、もし精神と観念だけを想定することによって懐疑論者（*Sceptics*）も無神論者（*Atheists*）も永遠に沈黙し、〔精神と観念だけという〕この物事の図式が理性と宗教のいずれにも完璧に適うとすれば、たとえ私たちが明らかに論証してきたと思われることに反して、その図式が仮説として提案されたにすぎず物質の存在が可能だと認められたにしても、私たちはこの図式が受け入れられ堅持されることを期待してよいであろう(50)。

バークリの趣旨は明らかであろう。物質の想定を除去し、精神（心）と観念のみを考えること。これが本来とられるべき道であり、これによって懐疑論と無神論を排除できるというのである。

10　精神について

バークリは「第一部」第一三五節から第一五六節にかけての『原理』の最後の部分で、「精神」(Spirit) について論じる。

まず彼は、第一三五節において、精神について観念が持てないことを再確認する。彼はこの件について次のように言う。

もし精神の観念のようなものが明らかにありえないとしたら、人間の知性が精神の観念を知覚しないことが人間の知性の欠陥と見られるべきでないことは確かである。そして、このことは、もし私が間違っていなければ、第二七節で論証済みのことである。私はここでさらに次のことを付言する。精神は唯一の実体ないし支えであって、その中に考えないものないし観念が存在しうることが確認されたが、観念を支え知覚するこの実体がそれ自身観念であるか観念に似たものであるというのは明らかに背理である。(51)

また第一三八節では、次のようにも言う。

私たちは、「精神」(*Spirit*) という言葉で、考え、意志し、知覚するもののことだけを言おうとしている。これが、そしてこれだけが、その名辞によって表示されている。したがって、そうした〔思考や意志や知覚の〕能力が、それがどんな度合いのものであろうとも、観念の中で再現されることがありえないとすれば、精神の観念がありえないことは明らかである。[52]

けれども、このことは、「魂」(Soul)や「精神」(Spirit)や「実体」(Substance)という名辞が無意味であることを意味しない。彼はこれについて、第一三九節で次のように言う。

> 〔「魂」、「精神」、「実体」という〕それらの言葉は、ある実在するもの(real Thing)を意味し表示するのであるが、その実在するものは、観念でも観念に似たものでもなく、観念を知覚し、意志し、観念について推論を行うものである。〔……〕心が対象とする考えないものはみな、まったく受動的で、それらの存在は知覚されることにのみあるという点で一致する。しかるに、魂や精神は能動的存在であり、その存在は知覚されることにあるのではなく、観念を知覚し考えることにある。[53]

また、第一四〇節では、次のように言う。

> 確かに、私たちは広い意味では精神の観念を持っていると、あるいはむしろその思念(Notion)を持っていると言える。すなわち、私たちは〔「精神」という〕その言葉の意味(meaning)を理解しているのであって、そうでなければそれについてなにも肯定したり否定したりできないであろう。

さらに、私たちは他の人々の心の中にある観念と自分自身が持っている観念とが類似していると想定し、自分自身の観念によって他の人々の心の中にある観念を考える（conceive）が、それと同じように、私たち自身の魂は、あの広い意味では他の精神の似像（Image）ないし観念であって、私たちは自分自身の魂によって他の精神を知る。というのも、私の魂が他の精神に対して持つ関係は、私が知覚する青さや熱さが他人が知覚するそれらの観念に対して持つ関係と似ているからである。(54)

バークリはこのようにして、第一三五節から第一四〇節において、私たちは精神の観念を持たないこと、観念は精神に似ていないが、私たちは「精神」という言葉の意味を理解することができ、自分の心によって他人の心を知ることができると説く（他人の心を知ることについては、第一四五節で再説される）。

11　魂の不死性について

バークリは続く第一四一節で、魂が不死であることを次のように説く。

物体は、どのような仕組みや組織のものであろうと、心の中の受動的観念にすぎず、光が闇とは異なりそれとは異質である以上に、心は観念とは異なり観念とは異質である。私たちは魂が分割できず非物体的で延長を持たず、したがって不朽であることを確認した。自然の物体に刻々と起きる運動や変化や腐朽や解体（それを私たちは「自然の移り行き」［Course of Nature］と言うのだが）が、能動的で単純で非複合的な実体には影響を及ぼさないということほど明らかなことはない。したがって、そのようなものは自然の力によって解体されることはありえない。すなわち、人間の魂は本性上不死である。(55)

このようにバークリは、心と観念の違いから、観念としての物体に認められる「運動や変化や腐朽や解体」は心にはありえず、ここから、魂の不死性を導き出す。

12　心に関する更なる確認と指摘

さらにバークリは第一四二節で心と観念の違いについてこれまで述べたことを確認し、続く第一四三節では再度抽象観念説に言及する。彼は次のように言う。

いわゆる抽象観念説は、精神的なものに特に関わる諸学を複雑かつ曖昧にすることに深く関与してきた。人々は、心の能力や作用の抽象思念を形成し、それらをそれぞれの対象や結果から、さらには心や精神そのものからも切り離して考察できると考えてきた。そのため、抽象思念を表すとされる数多くの意味不明の曖昧な名辞が形而上学や道徳に導入され、そこから学者たちの間で限りない騒乱や論争が起きることとなった。(56)

バークリのここでの抽象観念説への言及はこれだけにとどまるが、ここでの論点は、観念と思念の違いというよりは、人々が「心の能力や作用」を「それぞれの対象や結果から、さらには心や精神そのものからも切り離して考察できると考えてきた」点にある。つまり、具体的な事柄から離れて抽象的な論を進めることが、ここで問題視されているのである。

バークリの考察は、さらに、「可感的観念から借用した名辞[57]」を「心の本性や働き[58]」に適用することによる過誤に及ぶ。例として、意志を魂の「運動」と呼ぶことが挙げられる。これによって、意志の決定論的な見方が導入されるとバークリは考える。ボールがラケットによって打たれて、一定の方向に運動せざるをえないように、人間の心も、感官の対象から衝撃を受けて、一定の方向に運動せざるをえない、つまり、一定の方向に意志が動かざるをえないと考えようになる、というのである。哲学者が自分の使う言葉の意味を注意深く考えたなら、このような誤りは一掃できるとバークリは言う。

13　自分以外の心はどのようにして知られるか

バークリは、続く第一四五節で、自分以外の心がどのようにして知られるかを考察する。これについて、彼は次のように言う。

これまで述べてきたことから、私たちは、他の精神の存在を、その働きや、それが私たちの中に引き起こす観念による以外には知ることができないということは、明らかである。私は観念のさまざまな運動や変化や組み合わせを知覚するが、それによって私は、それらの運動や変化や組み合わせに随伴し、それらの産出に関与する、自分と似たなんらかの個々の作用者が存在することを知る。したがって、私が他の精神について持っている知識は、自分が持っている観念についての知識のような直接的なものではなく、ある観念の媒介に基づいている。その観念は、自分とは異なる作用者ないし精神の働きの結果、もしくはそれに随伴する記号とみなされるものである(59)。

つまり、自分以外の心については、私たちはそれが引き起こす（観念の変化等々の）結果から、間接的にその存在を知るとバークリは考えるのである(60)。

14　神について

そうなると、当然ながら、神（の心）についてはどうかが問題になる。この件についてバークリは、第一四六節から第一五五節にかけて論を展開する。

まずバークリは、第一四六節で、先の第二九節での論を確認する。すなわち、私たちが知覚するほとんどの感覚ないし観念は、私たちの意志に依存せず、「それらを引き起こすなんらかの他の精神（some other Spirit）が存在する(61)」という点である。そして、これを踏まえて彼はさらに次のように論じる。

自然物の恒常的規則性や秩序やつながり、被造物の大きな部分の驚くべき壮大さや美しさや完全さ、そして小さい部分の見事な仕掛け、それに全体の正確な調和と対応、そしてとりわけ、いくら賞賛してもし尽くせない快苦の法則や、動物の本能ないし生来の傾向、欲求や感情。こうしたものをもし私たちが注意深く考察するなら、〔……〕一にして永遠、限りなく賢明で、善にして完全という属性〔……〕が先に述べた精神〔……〕に属することを、私たちは明らかに把握するであろう。(62)

また彼は第一四八節で次のように言う。

もし「人間」によって、私たち同様、生き、動き、知覚し、考えるもののことを言おうとするのであれば、私たちは人間を見るわけではなく、ある観念の集合体を見るにすぎないことは明らかである。その観念の集合体とは、私たちと同じような思考と運動の原理が別にあって、それがその観念の集合体を伴うとともに、その観念の集合体によって表されている、と私たちに考えさせるようなものである。そして、同様の仕方で、私たちは神を見る。ただ、違っているのは、ある一つの有限な狭い範囲の観念の集まりが特定の人間の心を表すのに対して、私たちは、どこに視線を向けようとも、いつもどこででも神の明白な印を知覚する。すなわち、人々が私たちの中に産み出す運動そのものの知覚が記号や結果であるように、私たちが見たり聞いたり触れたりなど、どのような仕方であれ感官によって知覚するすべてのものは、神の能力の記号であり結果なのである。(63)

このように、バークリは、他人の心も神の心も私たちが知覚する観念のあるあり方から知られるものだという論を展開し、「神の存在ほど明白なものはない」[64]とする。[65]

15　結び（第一五六節）

こうした一連の議論のあと、バークリは『原理』の最終節である第一五六節で、次のように全体を締め括る。

私たちの研究において最も重要なことは、神と、私たちの義務を、考察することである。この考察を促進することが私の骨折りの趣旨であり意図するところであったので、もし私が述べたことによって読者に神の臨在の敬虔な感覚を持たせることができないとしたら、そしてまた学識ある人々が主として携わる不毛な思弁が誤っており空しいものだということを示しながら、福音書のためになる真理を敬い信奉するよういっそう読者をいざなうことができないとしたら、私は自分の骨折りが役に立たず無駄であったとみなすであろう。その福音書のためになる真理を知り実践することこそ、人間の本性の最高の完成なのである。[66]

第7章　バークリの抽象観念説批判・再考
――心像論的「観念」理解が無視したもの

はじめに

感覚と、それを記憶によって再現したり、それに類するものを心の中に描いたりしてできる心像、そしてまた、反省によって捉えられるとされた心の働きや感情と、それをなんらかの仕方で心の中で再現したものだけを「観念」とみなす立場を、「心像論」（imagism）と言う。バークリは（「思念」の問題を別にすれば）典型的な心像論者で、「第一部」第一節で言われるように、彼はそうしたものしか「知識の対象」と認めなかった。のちに『原理』改訂第二版において、彼は「観念」のほかに「思念」（Notion）の存在を明確に強調するようになる。[1] これは実のところ彼の観念説の大幅な修正につながるはずのものであったが、結局そうした修正はないままに終わった。

「観念」（idea）という言葉の近代的用法を導入したデカルトの場合、「観念」は、右に言う感覚や心の働きや感情やそれらの心像に限定されるものではなく、多くの場合、「概念」的なものが「観念」と呼ばれていた。ロックの場合も同じである。『人間知性論』における彼の実際の議論が示すように、ロックはときに「感覚」を「観念」と言い換え、また、心像としての観念を扱っていると見られる議論を行いながら、その一方で、概念としての観念が関わる事象を繰り返し論じている。

バークリのロック批判は、ロックの言う「観念」を極端な心像論的観点から意味限定した（曲解した）上でなされており、しかもこの意味限定は、単に「言葉の用法を変えた」といったものではなく、それによって彼は、ロックが扱っていた多くの事象を無視することになった。

本章では、バークリのこの心像論的視点に焦点を当て、第1章で見た彼の抽象観念説批判のどこに問題があるかを明らかにする。

この考察をより周到に行うためには、まず、デカルトやロックの「観念」の用法を確認する必要がある。

1　デカルトの「観念」の用法

デカルトの「観念」の用法を十全に理解するには、少なくとも彼が言う「観念」が多くの場合「概念」であることを押さえておかなければならない。

デカルトは、『省察』（*Meditationes de prima philosophia* [1641/1642]）の「第二答弁」に付された「神の存在と、霊魂の物体からの区別を証明する、幾何学的様式で配列された根拠」において、「観念」

を次のように説明する。

> 観念という名称によって私が理解するのは、任意の思考の形相であり、この形相を直接捉えることによって、私は当の思考そのものを意識する。したがって、私がなにかを言葉によって表現し、自分が言っていることを理解することができるためには、私が理解しているというそのことから、その言葉が表しているものの観念が私の中にあるということが確かでなければならない。したがってまた、私は〔感覚や想像のような〕想像機能（phantasia）の中で描かれた像（imagines）のみを観念と呼ぶわけではない[2]。

デカルトがここで「観念」と同一視している「形相」（forma）[3]は、「事物の本質」（rei essentia）[4]ないし「事物の本性」（rei natura）[5]のことであり、彼はまた「観念は事物の本質を表す」（idea [...] repræsentat rei essentiam）[6]とも言う。こうして、例えば三角形の観念は「三角形の本性」（natura trianguli）[7]のことであり、「三つの直線で囲まれた図形」（figura tribus lineis comprehensa）[8]のことである。また、「私がなにかを言葉によって表現し、自分が言っていることを理解することができる」ためには、例えば三角形の場合、「三角形」という「言葉が表している」三角形の「観念が私の中に」なければならない。つまり、観念は、言い方を変えれば、言葉の意味でもある。デカルトは「事物の本性」を「概念」（conceptus）と言い換え[9]、他方、「観念もしくは概念」（idea sive conceptus）という言い方で、「観念」を「概念」に言い換える[10]。つまり、このような説明による限りにおいては、デカルトの「観念」は「感覚」や「心像」ではなくて「概念」である。
もとより、右の引用箇所の「私は〔感覚や想像のような〕想像機能の中で描かれた像（imagines）のみを観念と呼ぶわけではない」という言葉が示唆するように、デカルトはいわゆる「概念」や「意味」のみを「観念」と呼んだわけではない。彼が「感覚」や「心像」をも「観念」と呼ぶことは、例えば次のような彼の文言からしても明らかである。

感覚によって知覚された観念（ideæ sensu perceptæ）は、〔……〕私が自分の記憶に刻印されているのに気づいた観念（ideæ [...] quas [...] memoriæ meæ impressas advertebam）のどれよりもはるかに生き生きとしていて鮮明である〔……〕[11]。

デカルトが知性の働き（intellectio）と想像力（imaginatio）の違いを繰り返し強調することは周知の事実である[12]。デカルトはその違いに応じて、知性が扱う「概念」と感覚や心像とを区別した上で、それらのいずれをも「観念」と呼ぶ。
だが、デカルトが『省察』に付した答弁によれば、ホッブズ（Thomas Hobbes, 1588-1679）は「観念という名前によって〔感覚や想像のような〕物体的想像機能（phantasia corporea）の中で描かれた物質的な物の像（imagines rerum materialium）のみを理解しようとしている[13]」。同様に、ガッサンディー（Pierre Gassendi, 1592-1655）も、「観念という名前を〔感覚や想像のような〕想像機能（phantasia）の中で描かれた像（imagines）にのみ限定している[14]」。バークリがとった観念理解も、この件に関する限り、ホッブズやガッサンディーの路線を踏襲するものであって、デカルト的なそれではない(15)。

2　ロックvsバークリ——人間の一般抽象観念をめぐって

ロックの観念語法は、バークリやヒューム（David Hume, 1711-1776）らの誤解のゆえもあってか、心像論的なものと誤解する人が今でも多い。けれども、ロックの観念語法は、デカルトのそれにきわめて近い。ロックの観念理解については別の機会にこれまで多々論じてきたが(16)、ここではバークリが『原理』序論でロックを批判するために引用しているロックの文言を取り上げ、それがバークリによってどのように誤解されているかを明らかにする。

バークリが抽象観念説批判の中で特に批判のターゲットとして念頭においているロックは、人間の一般観念について次のように述べている。

子どもたちが交わる人物の観念〔……〕は、人物それ自身と同じように、特殊なもの〔他と異なる特定のもの〕でしかない。〔例えば、〕乳母や母親の観念は、子どもたちの心の中にうまく形成され、心の中の乳母や母親の像（Pictures）のように、それらの個人だけを表す。子どもたちがこれらの観念に最初に与えた名前は、〔その適用が〕そうした個人に限られ、子どもが使う「乳母」とか「ママ」とかいった名前は、〔その適用が〕そうした人物に限定される。〔しかし、〕やがて時がたち、広くものを知るようになって、世の中には姿やその他いろいろな性質に、共通のある一致があり、父母や慣れ親しんだ人物と類似する非常に多くのものがほかにもあることを観察するようになると、子どもたちは、それらの多くの特殊なものが分かち持っているとわかる一つの観念を形成し、これに他の人たちがするように、例えば「人間」という名前を与える。そして、このようにして子どもたちは、一般名と一般観念とを持つようになる。この場合、彼らは新しいものを作るのではなく、ただ、自分たちが持っていたピーターやジェイムズ、メアリーやジェインの複合観念から、それぞれに特有なものを取り除き、それらすべてに共通するものだけを保持するにすぎない[17]。

ロックによれば、子どもたちは個々の人間の「姿やその他いろいろな性質に、共通のある一致」があることを知ると、「それらの多くの特殊なものが分かち持っているとわかる一つの観念を形成し、これに他の人たちがするように、例えば「人間」という名前を与える」。共通なものを他から分離して取り出す操作をロックは「抽象」と呼ぶのであるが、この抽象は、個々の人間の観念から「それぞれに特有なものを取り除き、それらすべてに共通するものだけを保持するにすぎない」ので、「新しいものを作るのではな〔い〕」。ロックの一般観念はこのような抽象の働きによって得られるため、彼はこれを、「抽象観念」と呼んだり「一般抽象観念」と呼んだり「抽象一般観念」と呼んだりする。

バークリによれば、ロックの言うような抽象観念はありえない。第1章で見たように、彼はまず、右のロックの発言に対応する形で、『原理』序論第九節で次のように言う（以下、本章での『原理』からの引用は第1章と重複することをお断りしておく）。

そして、心は、それ自身のために性質ないし様態の抽象観念を作るのと同じように、同じ切り離し（precision）ないし心的分離（mental Separation）によって、いくつかの共在する性質を含むもっと合成的なものの抽象観念を獲得する。例えば、心はピーターやジェイムズやジョンが、形などの性質がともに一致していて互いに似ていることを観察すると、それが持っているピーターやジェイムズなどの個々の人間の複合観念ないし合成観念（complex or compound Idea）からそれぞれに特有のものを取り除き、すべてに共通するものだけを保持する。そして、このようにして、それを規定し特定の存在たらしめるあらゆる事情や差異から完璧に抽象し切り離すことによって、個々のもののすべてが等しく分かち持つ抽象観念（abstract Idea）を作る。そして、こうしたやり方によって、私たちは人間（*Man*）の、言い換えれば、人間性（Humanity）ないし人間本性（Humane Nature）の、抽象観念を得ると言われる。実際、その観念には〔肌の〕色が含まれる。なぜなら、なんらかの色を持たないような人はいないからである。しかし、その場合、それは白でも黒でもどの特定の色でもありえない。なぜなら、すべての人間が分かち持つような特定の色は、存在しないからである。同じように、それには背丈が含まれるが、それは高くも低くもなく、かといって中くらいでもなく、それらすべてから抽象された背丈である。そして、他の事柄についても同じである。[18]

人間の抽象観念に関するバークリのこの説明は、表面的には先のロックの説明と同趣旨である。彼は、「例えば、心はピーターやジェイムズやジョンが、形などの性質がともに一致していて互いに似ていることを観察すると、それが持っているピーターやジェイムズなどの個々の人間の複合観念ないし合成観念からそれぞれに特有のものを取り除き、すべてに共通するものだけを保持する」と言う。この文言が、ロックの「自分たちが持っていたピーター、ジェイムズ、メアリー、ジェインの複合観念から、それぞれに特有なものを取り除き、それらすべてに共通するものだけを保持するにすぎない」という文言と文面上どれほど近いかは、言うまでもない。しかしバークリは、このようにして作られるはずの抽象観念の存在を、徹底的に否定する。彼は次のように言う。

> 他の人たちが自分の観念を抽象するというこのすばらしい機能を持っているかどうかは、その人たちが最もよくわかっている。私はと言えば、私は確かに、自分が知覚したことのある個々のものの観念を想像（imagine）したり心の中で再現（represent）したり、またそれらをさまざまに組み合わせ（compound）たり分割（divide）したりする機能（Faculty）を持っているのを認める。私は二つの頭を持つ人間や、馬の体に人間の上半身が付いたものを想像することができる。私は手や目や鼻の各々が体の他のすべてから抽象され分離されてそれだけで存在するのを想像することができる。しかし、その場合、私がどんな手や目を想像しようとも、それはある特定の形や色を持たなければならない。同じように、私が心の中で形成する人間の観念は、白いか黒いか黄褐色か、まっすぐであるか曲がっているか、高いか低いか中くらいかの、いずれかの人間の観念でなければならない。私はどれほど頑張って考えようとも、先に述べたような抽象観念を考える（conceive）ことはできない。また、同様に、動く物体とは別の、速くもなく遅くもなく、曲線を描くのでも直線を描くのでもないような運動の抽象観念を作ることは、私にはできない。そして、似たようなことは、他の

どんな抽象一般観念についても言えるであろう。率直に言えば、私はある意味において、自分が抽象することができると認める。それは、ある特定の部分ないし性質が他の部分ないし性質から分離されていると考える場合のことであるが、その場合、そのある特定の部分ないし性質は、ある対象において他の部分ないし性質と一つになってはいるものの、それらは実際に、他の部分ないし性質がなくても存在することが可能である。しかし、そのように分離して存在することができない性質を互いに抽象し、分離して考える（conceive）ことができるということ、あるいは、特殊なものから先に述べたような仕方で抽象することによって、一般思念（General Notion）を作ることができるということを、私は否定する。これら二つのことが、抽象（*Abstraction*）の本来の語義である。そして、たいていの人々は私の言うとおりだと認めてくれると思うが、それには理由がある。素朴で、学問とは無縁な大多数の人々は、抽象思念（*abstract Notions*）を持っているとはけっして言わない。抽象思念は、難しくて、骨を折って努力しなければ得られないと言われている。したがって、もしそのようなものがあるとしても、それが得られるのは学者だけだということを、私たちは正当に結論することができる。[19]

この発言からわかるように、バークリが抽象観念の是非を論じるとき、彼の念頭にあるのは、「知覚したことのある個々のものの観念を想像（imagine）したり心の中で再現（represent）したり、またそれらをさまざまに組み合わせ（compound）たり分割（divide）したりする機能」である。つまり、記憶や想像によって心の中に心像を作り、それを操作する機能である。このように、心像を対象とする限り、私たちは「どんな手や目を想像しようとも、それはある特定の形や色を持たなければならない」し、「心の中で形成する人間の観念は、白いか黒いか黄褐色か、まっすぐであるか曲がっているか、高いか低いか中くらいかの、いずれかの人間の観念でなければならない」ことになる。それとともに、「抽象」を、そうした心像を扱う心の機能の一部として——すなわち、心像を「分離」したり「分割」したりする機能として——捉える限り、その抽象は、対象のある部分ないし性質が、「ある対象において他の部分ないし性質と一つになってはいるものの、それらは実際に、他の部分ないし性質がなくても存在することが可能」な場合に、それを分離したり分割したりすることでしかありえない。ここにバークリの抽象観念説理解の最大の誤りがある。

3　概念としての抽象観念——一般名と一般観念

ロックは『人間知性論』のいくつかの箇所で抽象観念を扱っており、その中には確かに抽象観念の例として心像を挙げている場合がある。[20] しかし、その箇所以外のほとんどのところでロックが挙げている抽象観念は、心像ではなく概念としての観念である。先に引用した人間の一般観念を論じた箇所でもロックは概念としての人間の一般抽象観念を論じている。

ロックが人間の一般抽象観念を論じたその箇所を読む際に、私たちはいくつかのことに注意しなければならない。

まず、こうした議論で肝心の一般観念がどのような役割を担うとロックは考えているかである。これも別の機会に幾度か論じたように、ロックはそれについて、のちの指示理論に言う「記述主義」の立場といわゆる「新しい指示理論」の立場のいずれをも矛盾なく示す見解を提示している[21]。ここで重要なのは、彼の記述主義の立場である。この件について、ロックは例えば次のように言う。

　各々の個体は〔一般名辞が表示する〕抽象観念との合致をそのうちに有するので、〔一般名辞の表す〕その種に属する[22]。

ここに言う一般名辞（general Term）は、「人間」とか「動物」とか「三角形」とかいった一般名のことであり、この一般名辞は一般観念もしくは抽象観念を「表示する」（signify）。言い換えれば「言葉は一般観念の記号とされることによって一般的となる[23]」。一般名辞が一般観念の記号となる――あるいは一般観念を表示する――ということは、その言葉を聞くことによってそれが表示する一般観念の内容が理解され、またその言葉を発する人はそれが表示する一般観念の内容を表現しようとしている、ということである。

　そしてこの場合、概して、一般観念を持つということは、「当該対象がどういうものであるか」を理解しているということである。第1節で確認したデカルトの言い方では、「思考の形相」、「事物の本質」、「事物の本性」を理解しているということである。したがって、例えば人間の一般観念とは、「知性を持ち、感覚機能を持ち、栄養を摂取し、……」といったような、当人が人間について理解している事柄の中身のことであり、あとで問題になる三角形の一般観念は、デカルトの言い方に従うなら、「三つの直線で囲まれた図形」という内容を持つ。

バークリはこうした一般観念を、すべからく心像と誤解する。彼の理解に従えば、そうでない場合もあるものの、固有名や一般名を有意味に使用するためには、まずもって原則的には、なんらかの心像を心の中に思い浮かべなければならない(24)。そうでなければ、バークリが意味に関わる他の積極的な理論を展開しない以上、意味のない分節音を発しているだけのことになるからである。しかし、私たちは時折言葉を発しながら心像を思い浮かべることはあっても、基本的に言葉が有意味に使われる度ごとに私たちの心の中に心像が現れるわけではない。心像論的観念理解については、そうした問題性がそもそもあるものの、バークリは、ロックの言う「観念」をすべからく心像と理解し、そのため、ロックの言う一般抽象観念はありえないとし、これによって抽象観念説を決定的に論駁したと自負するのである。だが、この自負は決定的に間違っている。

ロックは、先の引用箇所で、「各々の個体は抽象観念との合致をそのうちに有するので、その種に属する」と言っていたが、これが言わんとするところは、一般名辞(例えば「人間」や「三角形」)は一般抽象観念(人間や三角形の一般抽象観念)を表しており、個々の個体はその一般抽象観念の内容に合えば、その(「人間」や「三角形」という)一般名辞で呼ばれ、その(「人間」や「三角形」という)種に属するということである。個々の個体は、感覚的に私たちに現れ、それはまた心像として心の中に再現される。感覚的に与えられる個々の個体も、その心像も、一つ一つ、他とはさまざまな点で異なるあり方をしているが、一般観念の内容に合致するところを持つ場合には、その一般観念を表示する一般名辞で呼ばれるという構図である。バークリはロックの一般抽象観念説と、それと連動するこうした記述主義的指示理論の基本構図(25)を、まったく捉えられないでいる。

ロックが行う人間の一般観念についての議論は、私たちはこの世に生まれて個々の人間に出会うというところから始まる。そして、そうした出会いによって、私たちは個々の人間一人一人の観念を持つようになる。この観念（例えば乳母や母親の観念）は、「心の中の乳母や母親の像（Pictures）のように、それらの個人だけを表す」とロックは言う。ここでロックが、「心の中の乳母や母親の像」と「乳母や母親の観念」とを区別していることに注意されたい。「心の中の乳母や母親の像」は、私たちが心の中に描く心像であり、それは、それら個々の人物の心像であって一般的なものではなく、「それらの個人だけを表す」。これと同様に、私たちが持つ「乳母や母親の観念」も「それらの個人だけを表す」と言う。そして、やがて私たちは、そうした個々の人々の観念に共通なものを見いだし、それだけを取り出して一つの観念を作り、それに「人間」という一般名を与える。こうして、「人間」の一般観念と、「人間」という一般名が機能するようになる。この場合、私たちが個々の人々の観念に共通に見いだすのは、「このような四肢を持つ」とか「知性を持つ」とか「二足歩行をする」とかいった、私たちが個々の人間に対してなすある共通の理解の仕方であって、ロックはけっしてなんらかの心像のことを言っているわけではない。

もしこれが心像であれば、バークリの言うように、「私が心の中で形成する人間の観念は、白いか黒いか黄褐色か、まっすぐであるか曲がっているか、高いか低いか中くらいかの、いずれかの人間の観念でなければならない」ことになり、ロックの言うような人間の一般観念は「どれほど頑張って考えようとも、〔……〕考える（conceive）ことはできない」ことになる。

ここで、バークリが使用する「考える」を表す動詞の一つであるconceive の用法に注意されたい。第1章ですでに指摘したように、ほとんどの場合、バークリはこの動詞を、「想像する」と置き換え可能な仕方で使用する。したがって、想像力を用いて人間の一般観念を「どれほど頑張って考えようとも」、それは特殊な心像でしかなく、したがって、そのように概念としての一般観念を心像と取り違えている限り、ロックの言うような人間の一般観念が「conceive できない」のは当然のことである。同じことは、「動物」の一般観念についても確認することができる。ロックはこれについて、次のように言う。

> 彼ら〔子どもたち〕は、人間の観念とは異なる〔……〕多様な物が、それでもなお人間と共通するある性質を持つことを観察し、それらの性質だけを保持し、それらを一つの観念に合一して、もう一度、別のもっと一般的な観念を持つ。〔……〕その新たな観念は、なにかを新たに加えることによって作られるのではなく、前と同じように、ただ、「人間」という名前で表示される形やその他の特性を取り除き、「動物」という名前のもとに包摂される、身体、生命、感覚機能、それに自発運動だけを保持することによって作られる(26)。

ここではロックは「動物」の一般観念について、それは「身体、生命、感覚機能、それに自発運動だけを保持することによって作られる」としている。ロックのこの言葉は、身体の概念、生命の概念、感覚機能の概念、自発運動の概念だけを取り上げ、それによって作られるのが「動物」の一般観念である（つまり、動物とは「身体と生命と感覚機能を有し、自発運動するもの」のことである）と言おうとするものである。身体の心像や生命の心像、感覚機能の心像、自発運動の心像を寄せ集めたものが「動物」の一般観念であるという読みがあまりに牽強付会であることは、言をまたない。だが、これについてもバークリは次のように言う。

　さらに、人間の複合観念のある部分を分かち持ちながらすべての部分を分かち持つわけではないほかの生物がたくさんいるので、心は人間に特有の部分を取り除き、すべての生物に共通する部分だけを保持することによって、動物（*Animal*）の観念を形成する。それは、すべての個々の人間だけでなく、あらゆる鳥や獣や魚や虫から抽象されたものである。動物の抽象観念を構成するのは、身体と生命と感覚機能と自発運動である。ここで身体というのは、すべての動物に共通する姿や形はないのであるから、どんな特定の姿や形も持たず、毛や羽毛や鱗などに被われているわけではなく、かといって裸でもないような、身体のことである。毛や羽毛や鱗で被われているとか、そういったものがないとかいったことは、特定の動物に固有の特性であるから、抽象観念から取り除かれる。同じ理由で、自発運動は、歩くこと、飛ぶこと、這うことのいずれであってもならないが、それにもかかわらず、それは運動である。しかし、そういう運動がどんなものかは、容易に考え（conceive）られるものではない。[27]

バークリにおいても、ロックと同じく、「動物の抽象観念を構成するのは、身体と生命と感覚機能と自発運動である」。しかし、そこでの構成要素を概念ととらず心像と考えるため、そうした構成要素がどんなものかは「容易に考え（conceive）られるものではない」と言う。心像ととる限り、「どんな特定の姿や形も持た〔ない〕身体」は想像できず、「歩くこと、飛ぶこと、這うことのいずれであってもならないが、それにもかかわらず〔……〕運動である」ような自発運動が想像できないのは当然である。だが、バークリのそのような心像論的読みは、『人間知性論』におけるロックの多くの議論と抵触し、そのためそれによって彼はロック批判に成功しているのではなく、自分で捏造したターゲットに攻撃を加えているにすぎない。

興味深いのは、バークリが「序論」で「定義」に言及している点である。その箇所を再度引用する。

これに対して、定義を有するすべての名前はその定義によってある一つのものだけを表示するよう拘束されているという反論があろう。例えば「三角形」は、「三つの直線によって囲まれた平面」(*plain Surface comprehended by three right Lines*) と定義される。その定義によってその名前はある一つの観念を表示し、他の観念は表示しないよう制限されている〔と言うのである〕。それに対して私は次のように答える。定義においては、その平面が大きいとも小さいとも黒いとも白いとも、辺が長いとも短いとも等しいとも等しくないとも、それにまた、辺が互いにどのような角度をなしているかも、言われない。それらの事柄はいずれにおいても非常に多様でありえ、したがって、「三角形」という言葉の表示を制限する一つの確定した観念というものは存在しない。名前の定義を常に同一に保つことと、名前に徹頭徹尾同じ観念を表示させることとは、別のことである。前者は必要

なことだが、後者は無益で実行不可能である。(28)

ここでバークリが「三角形」の「定義」として「三つの直線によって囲まれた平面」という、先にデカルトが三角形の「本質」として挙げていたもの、そして、のちほど取り上げるロックのそれとほぼ同じものを挙げていることに注意されたい。バークリもまた、三角形を「三つの直線によって囲まれた平面」として理解している。しかし、デカルトがこれこそ知性が捉える三角形の観念と見るものを、バークリはただ「定義」と言うだけで、これを観念と見るつもりはまったくない。つまり、バークリは、デカルトが見ていたことを彼自身も見る視点に立っていながら、結局それに気づかず、自分の視圏の狭さを棚に上げて、デカルトの観念観を継承するロックに対して厳しい批判を浴びせるのである。

デカルトやロックの見解に反して、バークリの言うように「観念」を心像論的に理解するのを当然視している解釈者は、右のようなバークリへの反論を論点先取としか解さない可能性はもとよりある。しかし、少なくとも、そういった解釈者は、そもそも私たちが言葉を用いるときに心像が常に不可欠の役割を果たしているかどうかを考えるべきであるし、バークリ自身それが必ずしも不可欠ではないと認めるときに、そのとき使われている言葉の使用メカニズムをバークリに代わってどう説明すべきかを考えるべきである。また、ロックが人間の一般観念についての議論で言及した「観念」と「像」(Picture)との比較をどう理解すべきかについても、確たる解答を提示すべきであろう。

4　三角形の抽象観念

バークリのロック理解の問題性をさらに露わにするのは、ロックが『人間知性論』で行った「三角形」の抽象観念についての議論の、バークリによる扱いである。

すでに第1章で見たように、バークリはロックが三角形の抽象観念を論じた箇所を、次のような仕方で引用した。

> 抽象観念は、子どもや未訓練の心にとっては、特殊観念ほど明瞭でも容易でもない。もしそれらが大人には明瞭で容易なものに見えるとすれば、それはただ、絶えず使い慣れてそうなったからである。というのも、それらを綿密に反省すれば、一般観念が心の虚構であり案出物であって、困難を伴い、私たちが想像しがちなほど容易には出てこないことがわかるからである。例えば、三角形の一般観念（これはまだ最も抽象的、包括的な、最も困難なものではないが）を形成するには、いくらかの苦労や技量が必要ではないだろうか。なぜなら、それは、斜角三角形と直角三角形のいずれであってもならず、また、正三角形、二等辺三角形、不等辺三角形のいずれであってもならず、同時にそれらのすべてでありかつどれでもないものでなければならないからである。実際、それは、存在しえない不完全ななにかであり、いくつかの異なる両立しない（*inconsistent*）観念のある部分が一つになった観念である。なるほど、この不完全な状態にある心は、そのような観念を必要とし、

できるだけ急いでそれらを手にしようとするが、それは、知識の伝達（Communication）と拡大（Enlargement）のためであり、心はこれら二つに向かう大きな傾向をもともと持っている。しかし、そのような観念は私たちの不完全さの印ではないかと疑うべき理由がある。少なくともこのことは、最も抽象的で一般的な観念は、心が最初に最も容易に親しむ観念でも、心の最も初期の知識が関わるものでもないということを示すに十分である。(29)

もとのロックの文章では、傍点で表しているイタリックで強調された箇所は、四行目から五行目にかけて出てくる「三角形の一般観念」の「三角形」と「一般観念」、そして、最後から二行目に出てくる「最初に」のところであった（ロックが「観念」[Idea]をすべてイタリックにしていることは、ここでは無視する）。ところが、バークリは、「すべてでありかつどれでもない」と「両立しない」をイタリックにすることによって、ロックの言う三角形の抽象観念がありえない矛盾したものであることを印象づけようとした。この問題は、エアロン（Richard Ithamar Aaron, 1901-1987）が指摘して久しい(30)。つまり、バークリの意図は、このような悪しき印象を読者に与えた上で、ロックの文言を心像論的観点から読者に読ませ、次のような結論を引き出すことにあった。

もしここに述べられているような三角形の観念を自分の心の中に形成する機能を持つという人がいるなら、その人を論駁してそれを捨てさせようとしても無駄であるし、私はそんなことをするつもりはない。私はただ読者に、ご自身がそのような観念を持つかどうかを、十分にかつ確実に調べてほしいと思うだけである。これは誰にとっても難しい仕事ではないはずだと私は思う。人が自分の思考を少し調べて、三角形の一般観念についてここで述べられていること、すなわち、斜角三角形と直角三角形のいずれであってもならず、また、正三角形、二等辺三角形、不等辺三角形のいずれであってもならず、同時にそれらのすべてでありかつどれでもないということに対応するような観念を持っているかどうか、あるいは持てるようになるかどうか試してみることほど容易なことがあろうか[31]。

バークリにとって、そうした観念を「持っているかどうか、あるいは持てるようになるかどうか」の答えは、当然「否」である。つまり、ロックはここでも、ありもしない心像としての三角形の抽象観念について語っていることになる。だが、ロックは心像について語っているわけではない。ロックが三角形の抽象観念ということで考えているのは、「空間を含む三つの直線」（three Lines including a Space）[32]という観念もしくは「三つの直線で囲まれた空間を含む図形」（a Figure including a Space between three Lines）[33]という観念であり、この観念は概念としての観念であって、この観念を持っているということは、三角形を「空間を含む三つの直線」ないしは「三つの直線で囲まれた空間を含む図形」として理解しているということにほかならない。したがって、先ほど説明した一般名ないし一般名辞との結びつきの観点から言えば、「三角形」という一般名辞が表示しているのはこの抽象観念すなわち「空間を含む三つの直線」もしくは「三つの直線で囲まれた空間を含む図形」ということであって、これと合致する対象が「三角形」と呼ばれ、「三角形」として分類されることになるということである。だがバークリは、自身、「三つの直線によって囲まれた平面」という三角形の「定義」を認めておきながら、ロックのこのような考え方を無視し、抽象観念は心像であると決めつけ、「斜角三角形と直角三角形のいずれであってもならず、また、正三角形、二等辺三角形、不等辺三角形のいずれであってもならず、同時にそれらのすべてでありかつどれでもないということに対応するような」心像はありえないことを理由に、そのような抽象観念はありえないと結論するのである。

だが、バークリは言うかもしれない。先のロックからの引用箇所で、ロック自身が三角形の抽象観念を「存在しえない不完全ななにか」であると言っていたではないかと。しかし、この場合の「不完全な」は、三角形の抽象観念が単に「空間を含む三つの直線」という規定を含むにすぎず、辺や角の具体的な大きさは含まれていないから、その意味でそれは実際に存在する三角形の規定としては「不完全」であるということにほかならない。そして、その抽象観念は、そのように辺や角の大きさについての具体的規定を含まないものであるから、そうした三角形が実際に感覚の対象となったり心像として思い浮かべられたりすることはありえず、その意味で「存在しえない」と解されるべきことなのである。(34)

5　単純観念

これまでの事例は、ロックの語法ではいずれも複合一般抽象観念であった。「人間」の一般観念は実体の複合観念に分類されるものであり、「三角形」の抽象観念は様態の複合観念に分類されるものである。バークリが批判の対象にした抽象観念は、こうした複合的なものだけではない。これもすでに第1章で見たとおりであるが、バークリは、「延長」と「色」と「運動」という、ロックの語法では単純一般抽象観念と呼ぶことのできるものを取り上げ、次のように言う。

さらに、心は、感官によって知覚される個々の特定の延長の中に、すべてに共通し似ているなにかと、それらを互いに区別するそれぞれの形や大きさのような、それぞれに特有のものがあることを観察すると、共通のものだけを切り離して考察し、あるいはそれだけを選り出して、それから最も抽象的な延長の観念を作る。それは、線でも面でも立体でもなく、いかなる形もいかなる大きさも持たず、それらすべてからまったく切り離された(prescinded)観念である。それと同様に、心は感官によって知覚される個々の特定の色からそれらを互いに区別するものを取り除き、すべての色に共通するものだけを保持して、赤でも青でも白でもほかのどんな特定の色でもない抽象的な色の観念を作る。そしてまた同じような仕方で、運動する物体だけでなく、それが描く形やあらゆる特定の方向や速さからも抽象されたものとして運動を考察することによって、運動の抽象観念が形成される。それは感官によって知覚されるどんな特定の運動にもすべて等しく対応する。(35)

こうした観念の形成においては、いずれも、心は「共通のものだけを切り離して考察」するのであるから、例えば延長の場合には、「線でも面でも立体でもなく、いかなる形もいかなる大きさも持たず、それらすべてからまったく切り離された観念である」と言われる。色については、「赤でも青でも白でもほかのどんな特定の色でもない抽象的な色の観念」であるとされる。また、運動についても、「運動する物体だけでなく、それが描く形やあらゆる特定の方向や速さからも抽象された」観念だと言う。そして、こうした観念に対してバークリは、「動く物体とは別の、速くもなく遅くもなく、曲線を描くのでも直線を描くのでもないような運動の抽象観念を作ることは、私にはできない。そして、似たようなことは、他のどんな抽象一般観念についても言えるであろう(36)」と言う。つまり、単純な抽象観念についても、それはありえないものだと言うのである。

だが、ここでも私たちは、先ほどと同じことを指摘しなければならない。すなわち、ロックの場合、「抽象観念」（例えば「延長」の抽象観念）を持つということは、問題になっている事柄（この例の場合には「延長」）がどのようなものであるかがそれなりにわかっているということである。だが、その「わかっている」ということ、言い換えれば「理解している」ということは、その理解内容が必ず言語によって表明できなければならないことを意味しない。どれがそれに当たる事例であるかが示せるだけでも、それによってそのことが「わかっている」ことになり、当該抽象観念を持っていると言うことができる。実際、ロックが、単純観念の場合には、それを表示する言葉を「定義」することはできないと言うのは、そういう場合を念頭においてのことである。

しかし、それにもかかわらず、ロックはさまざまな箇所で、私たちが「理解」している単純抽象観念の内容を言語的に表明している。今、「延長」の観念を例にとれば、ロックは次のように言う。

もし彼らが、〔……〕物体によって、固性を持ち、延長し、その諸部分が分離可能であるとともに、さまざまな仕方で運動可能であるようななにかを意味し、延長によって、それらの固性を持つ凝集した諸部分の終端の間にある、それらによって占められる空間のみを意味するとしたら、彼らは非常に異なる観念を混同している。というのも、空間の観念は、それが緋色の観念と別個であるように、固性の観念と別個ではないのか。この点を私はすべての人に自分自身で考えてほしいと思う。[37]

この一節は、三次元的延長のあるところには必ず物体があるとするデカルト派の見解を批判しようとするものであるが、ここでロックは、「延長」についてのある理解を、物体の「固性を持つ凝集した諸部分の終端の間にある、それらによって占められる空間」と言語表現している。ロックがみずからの「延長」理解を同様に言語表現したものとしては、ほかにも次のようなものがある。

この固性の観念によって、物体の延長が空間の延長と区別される。物体の延長は、固性を持つ、分離可能な、運動可能な諸部分の凝集ないし連続にほかならず、空間の延長は、固性を持たない、分離不可能な、運動不可能な諸部分の連続にほかならない。[38]

ここでは、ロックは、延長に対して二つの異なる言語表現を与えている。一つは、物体が持つ延長についてのもので、「固性を持つ、分離可能な、運動可能な諸部分の凝集ないし連続」とされる。そしてもう一つは空間が持つ延長についてのもので、「固性を持たない、分離不可能な、運動不可能な諸部分の連続」とされている。こういった仕方でロックが行う言語的説明は、まさに彼自身の「延長」

理解の表明であり、つまりは、彼が持っている延長の抽象観念の中身の表明なのである。

したがって、こうした事柄の理解の内容としての抽象観念は、先の「人間」や「三角形」の抽象観念の場合と同じように、その内容に合致する対象があれば、その対象は当該抽象観念を表示する一般名辞、例えば「延長」という一般名によって呼ばれ、延長として分類されることになる。

このように見ると、観念をすべて心像論的観点から見、とりわけ抽象観念を心像として捉え、その結果そのようなものは存在しないとするバークリのロック批判が、いかにロックの真意を捉え損なっているかがわかるであろう。

6　バークリの一般観念説の欠陥

だが、バークリの抽象観念説批判の問題性の指摘は、まだこれで終わったわけではない。バークリは、ロックを主たるターゲットとした抽象観念説批判のあとで、みずからの一般観念説を提示する。それは、次のようなものであった。

〔ロックは問う、〕「存在するものはすべて特殊なもの〔Particulars 他とは異なる個々のもの〕でしかないのだから、私たちはどのようにして一般名辞を得るのか」。彼の答えはこうである。「言葉は一般観念の記号とされることによって一般的なものとなる」。『人間知性論』第三巻第三章第六節。しかし、言葉が一般的なものになるのは、抽象一般観念（abstract general Idea）の記号とされるからではなくて、さまざまな特殊観念(particular Ideas)の記号とされ、しかも、その言葉がそれらの特殊観念のいずれかを無差別に心に示唆することによってであると思われる。例えば、「運動の変化は加えられる力に比例する」とか「延長を持つものはすべて分割可能である」とか言われるとき、これらの命題は運動一般や延長一般についてのものと理解されるが、だからといって、これらの命題が私の思考に、運動する物体や特定の方向や速さを持たない運動の観念を示唆するとか、私は、線でも面でも立体でもなく、大きくも小さくもなく、黒くも白くも赤くもなく、他のどのような特定の色も持たないような延長の抽象一般観念を考え(conceive)なければならないとかいったことが帰結するわけではない。私がどんな運動を考察しようと――速い運動であろうと遅い運動であろうと、垂直の運動であろうと水平の運動であろうと斜めの運動であろうと、どんな対象の運動であろうと――運動についての公理が等しく当てはまるということが、含意されているにすぎない。もう一つの公理についても同じである。すなわち、それはどんな特殊な〔個々の〕延長についても等しく真であり、線であろうと面であろうと立体であろうと、どんな大きさや形のものであろうともそうなのである。(39)

ここでバークリは、「言葉が一般的なものになるのは、抽象一般観念の記号とされるからではなくて、さまざまな特殊観念の記号とされ、しかも、その言葉がそれらの特殊観念のいずれかを無差別に心に示唆することによってであると思われる」と言う。バークリのこの発言は、もし彼がロックの言語説のある部分、すなわち、一般名辞が表示する観念が何であるかという部分についての対案を提示したものであるとすれば、それはある由々しい問題を引き起こすことになる。

周知のように、そもそもロックの場合、単なる「分節音」(articulate Sound)が有意味な言葉として機能するには、一般に、それがある観念を表示することが必要とされ[40]、一般名辞が表示する観念については、ロックはこれを一般抽象観念とした。バークリの右の発言は、ロックが言うような抽象観念は存在せず、一般名辞は「特殊観念のいずれかを無差別に心に示唆する」という趣旨の、対案と見ることができる。だが、もしこれが、観念を表示することが言葉が有意味であるための要件であるというロックの基本的言語観を認めた上での対案であるとすれば、バークリ説では、一般名辞の場合、特殊観念のいずれかが「無差別に」示唆されるわけであるから、示唆される特殊観念はいつも同じである必要はなく、したがって、どの特殊観念を思い浮かべるかに応じて言葉の意味が変動することになろう。しかし、バークリはこの問題を一切考慮していない[41]。

しかも、バークリはここで「さまざまな特殊観念の記号とされ」という言い方しかしていないが、その「さまざまな特殊観念」は、同じ種類の特殊観念でなければならないはずである。とすると、バークリの場合、どの特殊観念が同じ種類の特殊観念であるかが私たちにはすでにわかっていることになる。例えば「三角形」という一般名辞は、バークリの説では「さまざまな特殊観念の記号とされ」、「それらの特殊観念のいずれかを無差別に心に示唆する」と言われるが、その特殊観念としてなんらかの正方形を思い浮かべることは、バークリは認めないであろう。なぜなら、それは正方形の心像――正方形の特殊観念――であって、三角形のそれではないからである。では、バークリ説においては、ある一群の特殊観念が、「三角形」という一般名辞が「無差別に心に示唆する」特殊観念であることを、いったい何が規定するのか。バークリの議論には、この説明がない。「三角形」という一般名辞にどのような特殊観念を示唆することが許されているかは、もうすでに決定済みのこととして話は進む。個々のものを類別するための一般観念の役割は、考慮の外である。

ロックが一般抽象観念に担わせた役割の一つは、まさに、その内容が基準となり、それとの合致の有無で、どれがその観念に付与された一般名辞で呼ばれるべきかが決まるというものであった。これに対して、バークリ説ではこのような抽象観念の役割を担うものはどこにもなく、ただその場合に、ともかくすでに分類ずみの特殊観念のいずれかが当該一般名辞によって示唆されるべきことが言われるにすぎない。この点において、バークリ説は、単に論点の先取りを行っているにすぎない。

この問題は、バークリの挙げた具体的事例を見ることによって、よりいっそう明確になる。彼は、右に引用した箇所に続けて、次のように言う。

ところで、もし私たちが自分の言葉に意味を付与し、自分が考える（conceive）ことのできるものだけについて語ろうとするなら、それ自身としては特殊でしかない観念が一般的なものになるのは、同じ種類の他の特殊観念のすべてを代表（represent）し代理（stand for）するようにされているからだということを、私たちは認めるであろう。これをわかりやすくするため、例を挙げよう。幾何学者が直線を二等分する方法を論証しようとしているとせよ。その人は、例えば、一インチの長さの黒い直線を引く。この直線は、それ自体としては特殊だが、それにもかかわらずその役割に関しては一般的である。というのも、その場合のその直線の用法においては、それはさまざまな特殊な直線のすべてを代表するからである。そのため、それについて論証されることは、あらゆる直線について、言い換えれば直線一般について、論証されるのである。そして、その特殊な直線が記号とされることによって一般的なものとなるように、それ自体としては特殊な「直線」という名前が、記号となることによって一般的なものになる。そして、特殊な直線が一般性（Generality）を持つのは、それが抽象的直線ないし一般的直線の記号だからではなく、ありとあらゆる特殊な直線のすべてにとっての記号だからであるように、「直線」という名前は同じ根拠から、すなわち、それがさまざまな特殊な直線を無差別に表示することから、その一般性を引き出すと考えなければならない。(42)

バークリが「自分の言葉に意味を付与し」と言っていることに注意されたい。バークリは、ロックが論じていることを無視して自説を提示することにより、言葉（分節音）に意味があることを前提とした議論をしようとしているのかというと、そうではない。彼の一般観念説は、まさしく「言葉に意味を付与」することにも関わり、その意味付与が、ほかでもない、言葉がある特殊観念を表示し、その観念が「同じ種類の他の特殊観念のすべてを代表し代理するようにされ」ることに求められる。だが、それであれば、先に指摘したように、言葉が表示する特殊観念はその都度別のものであっていいわけであるから、ほかにさらなる説明が加わらなければ、その都度言葉の意味が変わる可能性がそこにはあると言わざるをえない。「一インチの長さの黒い直線」と「二インチの長さの黒い直線」は同じではないし、「一インチの長さの黒い直線」と「一インチの長さの赤い直線」もまた同じではない。

一般名が表示する特殊観念がこのように違っていても意味は同じだと言うのであれば、そうした特殊観念とは別の概念装置によってこれを説明しなければならないが、バークリはこれをまったくしないのである。

つまり、この引用箇所では線分の二等分の仕方について、「一インチの長さの黒い直線」を例として挙げているが、これは「同じ種類の他の特殊観念」、つまりこの場合には別の長さ、別の色の（また別の向きの）直線でもいいわけである。だが、何が「同じ種類」であることを決めるのか。バークリの説では、この「同じ種類」ということにはまったく注意が向けられず、それは既定の事柄として問題にされていない。こうしてみたとき、バークリがロックの抽象観念説を否定しそれに代えて提出したみずからの一般観念説がどれほど杜撰なものであるかは、一目瞭然であろう。

第8章　物質否定論の歪みの構造
――バークリ思想の影

はじめに

バークリの心像論的視点によって何が無視され、そのため彼の先人への批判がどのように的を外しているかの一端を、前章に見た。本章では、彼の物質否定論そのものを、別の角度から批判的に考察する。

ロックの場合、「知識」が（言語表現が可能である場合には）文によって表されるものであり、その要素となる「観念」は単語もしくは句が表現するものであることは自明のことであった。文と語（ないし句）の区別に対応する知識と観念のこの区別は、古代ギリシャ以来の伝統を持つ。しかし、バークリは、この区別を明確に行うことはなく、あたかも観念を得ることが知識を得ることであるかのような議論を「第一部」冒頭から進める。

『原理』のバークリの議論には、こうした基本的な点において問題があるのだが、ここで扱うのはそれではない。バークリは、第2章で見たように、「第一部」の冒頭でいきなり私たちの「知識の対象」が「観念」であることをほとんどなんの説明もなく断定的に主張する。デカルトが「観念」(idea)を新たな観点から近代的な仕方で用い始めたとき、新科学の潮流の中で心の外に新たに仮説的に想定されるに至った、日常的な「物」とはある点で大きく異なる「物体」(corpus)――もしくはマイクロレベルでそれが考えられる際に提示される「微小部分」ないし「粒子」(particula)――が、心の中の観念と対照をなすものとして想定されていた。(1)

デカルトをあるいくつかの重要な点で批判したロックも、デカルトの「観念」語法を受け継ぎ、「観念」と対照をなすものとして、心の外に、粒子仮説的な「物そのもの」(Thing itself)もしくは「物体そのもの」(Body itself)を想定していた。私たちが従来から心の中にあると考えてきた、心像や、感情や、痛みなどだけでなく、今直接感覚によって感じている形や色などもみな心の中に位置づけられ、すでに心の中にあるとされてきた他のものとともに、心の中の「観念」として一括される。それは、私たちが今直接感覚しているものとは異なる外的な物が、新たに外にあるものとして仮説的に想定されるとともに、私たちが日常「物」の性質と見ている色や形などが、それらの外的な物が私たちの感覚器官に働きかけた結果私たちが知覚するものとして、捉え直されるからであった。

バークリの場合、とりわけ、母校のダブリンのトリニティー・コレッジで奨められていたロックの『人間知性論』の研究により、当時の専門用語であった「観念」(idea)という言葉の使用に馴染み、彼もまたその言葉を当然のように使うことになった。にもかかわらず、バークリは結局のところ、外にあるとされる物質の存在を否定する。彼のこの結論は、みずからが用いている「観念」が内的なものであるために必要な、それと対になる外的なものの存在を、みずから否定したことを意味する。そもそも『原理』第一部第八節以降で物質の存在を否定するに先立って、第七節まででバークリが行ったのは、観念が存在することと、それを知覚する心が存在することを断定的に示すとともに、自分たちが日常「物」と考えているものはすべからく観念でしかなく、それを支える実体は、「考えるもの」、「知覚するもの」としての心でしかないと主張することだけであった。つまり、第一部のはじめから第七節までの議論において、「観念」という言葉が十全に使われるための必須の要件であった外的な物――彼が好んで「物質」と呼ぶもの――については、その存否の問題は一切触れられることのないまま、心と心の中にある観念の存在確認のみがなされているのである。

つまりバークリは、「観念」という言葉が適切に使用されるのに必要であった外的な物（物質）の存在措定を等閑に付したまま、心と観念の存在確認を行おうとしたのである。

おそらくバークリにとってみれば、「観念」という言葉の新たな用法はすでに人口に膾炙しているので、その論理をいまさら説明する必要はあるまいと考えたのであろう。しかし、その観念の論理は、外的な物の想定を必須の要素とするものであり、それを一方で否定しながら、他方で「観念」という言葉自体はこれを維持するというのであれば、デカルトやロックとは異なる「観念とは何か」の説明がそこでは必要なはずであった。バークリがそれをしないのは、先人の語法を正しく継承しているという意識があったからに違いない。

もとより、前章に見たように、バークリの「観念」には心像論的な限定が極端にあり、そのため実際にはデカルトやロックの「観念」の外延と比べると、その言葉ははるかに狭い外延しか持たないものではあった。しかし、繰り返すが、それでも特段の説明もなく「観念」語法を用いることからして、彼はデカルトやロックのその使い方に（「思念」のことは別にして）従うつもりであったに違いない。だが、実際には、彼は「観念」語法の重要な支えであった「物質」の存在想定を排除し、それとの関係において「観念」語法の有意味さを説明し直すことは一切せず、ともかく「観念」とそれを知覚する「心」の存在をまず断定し、その断定を基盤として、そこから「そもそも物質はあるのか」という問いを立てようとする。

つまり、「観念」という学術用語を使い始める時点で外的な物の存在がその基盤として暗黙のうちにもせよ想定されていなければならないはずであるのに、そのことは無視し、はじめから物質の想定とは関わりなく「観念」という言葉を使えることにし、そこからそもそも物質はあるのかと問うという、観念語法に依拠しながらその基盤をみずから崩す作業を、彼は行っているのである。

以下ではバークリの「物質否定論」のこの問題を取り上げ、彼の論理の歪みがどのように現れるかを明らかにする。

1　「似たもの原理」と粒子仮説

先述のように、「観念」を近代的な仕方で使用し始めるデカルトにとって、感覚の観念の場合に、それが外に新たに想定される「物体」と「似ている」かどうかが重要な話題であった(2)。デカルトにとっては、まさにバークリの言う「二重存在」を肯定した上で、それら二つの存在が似ているかどうかを問うことが、みずからの自然科学の基礎理論を構築する上で、不可欠であった。私たちの日常においては、多くの場合私たちは「直接実在論」(direct realism) の立場をとっており、物を直接そのあるがままに知覚していると思っている。したがって、その場合には、私たちが持っている観念が原型たる外的な物に似ているかどうかは問題にはならない。しかし、ある日常的な理由 (例えば錯覚の場合をどう考えるか) ないしはさらに立ち入った諸種の科学的な理由から、私たちが感覚しているものと物そのものとの間にずれが生じている場合があると考えるとき、それが二重存在構造を一般的に想定するきっかけとなる。バークリが「第一部」第八節以降で物質の存在を問題にするとき、「観念」と「物質」を別のものとしてそれら両者の間に類似関係が成り立つかどうかを問うのは、その限りにおいて彼が直接実在論的な日常的視点からすでに外れて、デカルトやロックの二重存在説にしっかりとコミットしていることを示唆している。正確に言えば、そうした二重存在構造の枠組みを念頭に置きながら、一方の観念の存在 (とそれを知覚する心の存在) のみを確認した上で、それになんらかの仕方で似ているとされる物質が存在すると言えるかどうかをバークリは問うのである。

つまり、バークリは最初から、デカルトが開発しロックらが踏襲した、外的な物と観念とからなる二重存在構造に基づく観念語法を用いて、私たちが直接感覚的に知覚している、日常「物」と思っているものを、すべて観念の集合体と考えながら、それとは異なる外的な物 (物質) の存否についてはそれを一切無視した形で「第一部」第七節まで基本事項の確認を続ける。そして、その上で、第八節以降で、観念語法が前提としていた二重存在構造に則って、観念と似た物質が存在するかどうかを問うのである。

こうした事情があるため、私たちの観念と似たものが物質としてあるのではないかという一つ目の種類の物質の存在を問う際に、すでに私たちの日常とは異なる問題設定がなされることになり、これが『原理』の読者を惑わせることになる。なぜかと言うと、先に述べたように、私たちは自分たちが日常「物」だと思っているものを通常直接実在論的立場から捉えており、自分は物をあるがままに感覚していると思っているのに対して、バークリは、私たちが直接感覚しているのは観念であるとした上で、それとは別にそれに似た物質があるかどうかを問うからである。繰り返すが、こうした問いは、デカルトやロックが準備した二重存在構造をすでに前提しているのであって、そういう前提を持たない日常的な直接実在論的視点から「物」を見ている読者には、観念と似たものがあるのかという問いは、それ自体奇妙な問いに映るのである。

さらに、バークリは、自分が心の中に持っている観念に似たものを心の外にあるといくら考えようとしても、観念に似たものは観念でしかありえないので、そこで考えられたものもまた心の中の観念でしかなく、そのため、私たちは自分の心の外の、物の存在を、確認することはできないとする。バークリによれば、粒子仮説をとる人々の場合も同じである。その場合には、形や大きさなどの一次性質についてのみ、観念と外的な物との類似性が言われるのであるが、ここでもバークリは、観念に似たものは観念でしかありえないのだから、私たちが持っている形や大きさの観念に似たものが外的な物のあり方として心の外に存在するといくら言っても、それはある観念の存在を言うにすぎず、したがって、この場合にも私たちは自分の心の外にある物（物質）の存在には至れず、その存在を確認することはできないとする。

バークリのこの議論は、あくまでも心像論的な立場で進められている。私たちが今知覚している観念の集合体としての物の、形や大きさに似たものを考えるとき、それを心の中で心像を形成するという仕方で「考える」（想像する）のであれば、確かにそうした心像操作をいくらしても、それは心の中の観念を扱っていることにしかならない。けれども、デカルトやロック、そして、彼らがその復活に貢献することになった古代ギリシャの原子論者の考えは、このような心像操作を手段としたものではない。さまざまな理由から、現象をよりよく説明するためにはこのような物が実在すると考えてはどうかと考え、その結果を、例えば形や大きさなど一次性質のみを持つ「物そのもの」の想定として提示しているのである。知覚される諸現象を、知覚されないものを想定することによって理解し説明し、その同じ理論によって未来のあり方を予測しようとするのが、古来仮説的方法が本領としたものであった。バークリは、デカルトやロックや古代以来の原子論的伝統が持っていた思考法の本質を無視し、ただ心像操作のみに依拠する。そして、観念から出発する限り、観念に似たものとして物質を考えようとしても心像になるだけであって、それも観念にすぎず、そのため結局物質には至れないという論を、繰り返すのみである。

バークリの「似たもの原理」が示すこの奇妙さは、彼の一次性質・二次性質の区別に対する批判にも現れる。心像として視覚的延長（バークリはロックの語法には従わず、これを「一次性質」と呼ぶ）を考える限り、それは必ずなんらかの色（これもバークリはロックの語法に従わず、これを「二次性質」と呼ぶ）を伴う。視覚的な心像の場合、延長には必ず色が付いており、色は延長なしにはありえない。

そこでバークリは、ロックのように延長と色を区別して物質には延長はあるが色はないとするのは、切り離せないはずの色と延長を切り離して延長の「抽象観念」が存在するとするものであり、ありえない「抽象観念」を認める悪しき議論であると決めつける。だが、粒子仮説は、私たちが持っている、心の中に像を作る働きとしての心像操作に、どのようなことが可能なのかを論じる理説ではない。諸種の理由から、さまざまな推論を駆使して、どのような仮説が有効と考えるかの問題は、ここでは一顧だにされない。

2 観念は活動性を持たない

これと同時に、私たちは、バークリが観念を不活性とする見解について、そのルーツが少なくともロックに遡れることに注意しなければならない。

ロックは「能力」や「原因」や「結果」の観念が「経験」の中でどのようにして獲得されるかを論じた。そして、経験によって得られたそれらの観念を、新たな「物そのもの」の概念を作る材料として用いた。そのようにして「物そのもの」の概念が作られ、新たな「物そのもの」が仮説的に措定されると、もともと「能力」や「原因」の観念のルーツであった、経験の現場で私たちが「物」と思ってきたものは、新たに措定された「物そのもの」が私たちの感覚器官を刺激することにより、その結果として私たちの心の中に現れるもの、すなわち「観念」として捉え直される。そのような経緯から、「能力」や「原因」というあり方は新たに措定される「物そのもの」に付与され、日常的に「物」と思われてきた直接感覚的に知覚される「物」は、一連の因果的プロセスの結果心に現れる「観念」にすぎないものとして、それ自体が能力を持つことや原因としての性格を持つことはないとされる。私たちが直接感覚的に経験している物の事象は、仮説的に外に実在するとされる「物そのもの」のさまざまな因果過程の、いわばモニター画像である。コンピュータの液晶画面に映し出される多様な色の点がそれ自身で他のものに働きかけるわけではなく、それはＣＰＵや外界の因果過程をある仕方で表すにすぎないものであるように、私たちに与えられる感覚的観念は、私たちの身体も含めて新たに仮説的に想定された物質世界の因果プロセスをモニターする画像であり、それ自身が活動性を持つわけではないとされる。バークリは、ロックのこのような考え方に親しんでおり、観念が活動性を持たないことを、あたかも「直観的知識」であるかのように言う(3)。だが、ある知識を「直観的」とみなすのは、ローティが言うように(4)、歴史の中で現れるある考え方に慣れ親しんでいることを意味するものでしかなく、それが考える余地なく受け入れられるべきものであることを意味するものではない。私たちが感覚的に知覚している観念に原因性がないことは、「観念」という言葉が使えるようになるためには知らなければならない「理論」の一部であって、バークリがこのことをあたかも「直観的知識」であるかのように言うのは、単に彼がその「理論」に親しんでいることの表れでしかない。

結果的にバークリは、物質の存在を否定し、代わりに私たちに感覚的観念を与える作用因的原因として、神の役割を強調する。つまり、ここでもまた、観念が不活性であることがもともと物質を想定する立場で考えられていたにもかかわらず、その基盤としての物質を否定しながら、観念が不活性であるという見解は維持するという、困った措置がとられているのである。

3　推論による議論の廃棄

このように、バークリの観念語法も観念の性格に関する見解も、もともと物質存在の肯定を基盤とするものであったにもかかわらず、バークリはその基盤そのものを排除する。観念語法も、観念は不活性であるという見解も、ある科学理論に基づくものであり、ある「理論」的基盤の上で成り立つものであった。ところが、バークリは、物質の存在可能性を論じるところで、物質の存在は「感官」によって知られるか「理性的推論」によって知られるかという二者択一を迫りながら、実際には「感官」によって知ろうとしても知られるのは観念ばかりであって、物質的実体の存在を確認することはできず、またそもそも形や色などは観念でしかなく、それを物質的実体が持つというのは矛盾以外のなにものでもないとして、心像論的立場から物質的実体の存在要請がまったくのナンセンスであることを強調する。そして、それに呼応する形で、きわめて粗雑に、推論によってその存在を確認することももともと不可能な話であったと論を進める。

これまで見たことからして、バークリが依拠した観念語法と観念の性格に関する見解のいずれもが、どれほど科学者の「理論」とそれを構成する「推論」とに依拠したものであったかは明白であろう。にもかかわらず、自身の心像論的議論によって物質という考えがいかに矛盾したものであるかは歴然であるとして、バークリは、自身が依拠したものが持つ「理論」としての基盤を顧みようとしない。これがいかにアンフェアなやり方であるかは明白である。

彼はのちに、『ハイラスとフィロナスの三つの対話』の改訂第三版で、あの「思念」について見直しを行うとともに、「物質」の思念の可能性について加筆している。彼によれば、物質についてはその思念に矛盾があるためその存在を認めることはできないと言う[5]。物質の考え方が矛盾しているという彼の考えは、先に見たように、いくつかの重要な意味においてアンフェアな仕方で主張されてきたことである。そのことを考えれば、いかに加筆訂正がなされようと、心像論的視点と「観念」の基本論理の都合のいい部分だけを利用する彼の物質否定論に、理があるとは思えない。

4　『三つの対話』における外的なもの

バークリの物質否定論の論理の問題性の一つは、『ハイラスとフィロナスの三つの対話』の「第一対話」に顕著に認められる。『原理』ではほとんど説明なしに、私たちの「知識の対象」を心の中にある観念として話を進める。これに対して、「第一対話」では、なぜ日常的な「物」のさまざまな性質が心の中の観念であるかを、一つ一つの性質を取り上げて順次論じていく。そのとき、バークリは常に、暗黙のうちに外的なものの存在を前提している。だが、それにもかかわらず、その議論の最後には、すべてが観念であって、外にはなにも残らないことになる。

私の命名で言えば、バークリが「第一対話」でまず用いる主要な論法は、「快苦との同一視による議論」と「相対性からの議論」と「因果関係からの議論」の三つである[6]。

彼が最初に取り上げる「熱さ」、「冷たさ」の場合、それらは程度が高い場合には「痛み」として感じられるが、痛みは心の中にあって外にあるものではなく、したがって、程度の高い熱さ・冷たさは心の中にしかないと言う。この論法では、バークリは、「痛み」が際立って内的なものであるという、私たちの日常的な痛みの捉え方に依拠している。だが、その場合の内的ということは、外にあるものとの対比で考えられていることであり、なんらかのものが外にあるという考えがなければ、この論法は成り立たない。このように、バークリは、密かに「外にあるもの」の存在を前提した形で、議論を進める。

同じことは、「相対性からの議論」にも顕著に見て取れる。三つの桶を用意し、それぞれに熱い湯と冷たい水とぬるま湯を入れ、左右の手をそれぞれ熱い湯と冷たい水にあらかじめ浸しておいたのち同時にぬるま湯に浸すと、左右で異なった熱さ・冷たさが感じられる。同じぬるま湯が同時に熱くかつ冷たいということはありえないので、私たちが感じている熱さ・冷たさは私たちが心の中で感じているだけのもので、外のぬるま湯の性質ではないとバークリは論を進める。この議論では明らかに、桶や湯や水は外にあるものとされ、それとの対比において、私たちが感じている熱さ・冷たさが心の中にあるとされている。

このように、バークリが「第一対話」のはじめの部分で行う議論は、いずれも外にあるものの存在を前提しつつ進められる。そして、議論が進むと、最後にはなにも外には残らないことになる。前提と結論のこの乖離が何に起因するかを、私たちは十分に考えなければならない。外になにもないのなら、そもそも観念が「内にある」ということもないのである。

終　章　新たな創造的提案としての物質否定論
――バークリ思想の光

はじめに

前二章で述べたように、私はバークリの「序論」における抽象観念説批判も、「第一部」における物質否定論の基本論理も、妥当なものとは思わない。だが、それにもかかわらず、バークリの試みが無意味だったとは思わない。確かに、バークリの心像論的観点からの物質否定論は、デカルト的・ロック的物質肯定論の論理に依拠したものであって、彼の議論に一貫した整合性を認めることはできない。しかし、彼の思想には、それにもかかわらず、私たちに新たな展開のきっかけを与えてくれるものがあったと私は思う。

その理由の一つは、そもそも、デカルトが導入した「観念」語法の基盤となった原子論的・粒子仮説的な物質肯定論自体が、（デカルトの基礎づけ主義的学問観にもかかわらず、）日常的な物体観に認められる問題を解決するための仮説的・創造的試みの一つだったからである。その試みの中で、新たに想定された「物体」ないし「物そのもの」に対して、私たちが感覚的に知覚している色や形などの知覚対象が、外的なものではなく内的なものとみなされ、それが、想定された「物体」ないし「物そのもの」に対して、心の中の「観念」の一種として位置づけられる。バークリは、こうして成立する「観念」の論理空間の諸要素のうち、観念とそれを知覚する心だけを取り上げてそれをみずからの物質否定論の基盤とする。そこから出発する限り、二度と物質には至れないという構図である。前章では、この構図の基本的問題性を指摘した。だが、結果だけを見ると、バークリの論理にはそうした根本的な問題があるにもかかわらず、それはある興味深い世界観を提示しているには違いないのである。

私が興味深いと言っているのは、物質に全面的に神を置き換えたという点ではない。この世界は観念で構成されている以上、その世界自体には力や能力や作用因的原因といったものの入る余地はないという点である。つまり、この世界から作用因的原因を排除して、代わりにそれを、記号的関係が多重的に構築される世界として見るという、その世界観の大幅な変更が、私には人間にこれまでとは異なることを考えさせるきっかけを与えうるものであり、その意味で人間の創造的営みの一つの典型事例に見えるのである。

もう一つ、バークリの思想で、私が評価しているものがある。それは、抽象的思考に対する彼の警戒心である。彼の抽象観念説批判の不十分さにもかかわらず、私はある点においてそれに同感する。以下ではこの点も含めて、前二章でのバークリ批判にもかかわらず、私がバークリをポジティヴに捉えるべきだと思う点を指摘しておく。

1　作用因的因果関係のない世界

デカルトやロックの場合、新たに想定される「物体」や「物そのもの」は、作用因としての原因となる可能性を持っていた。特にロックの場合に明らかなのだが、彼は、日常的な「物」の振る舞いから経験によって得た観念を、新たな「物そのもの」の概念を形成するときに使用する。そして、彼が粒子仮説的な「物そのもの」を想定するとき、「能力」や「原因」・「結果」の観念は、「物そのもの」の概念の重要な要素をなすこととなる。つまり、日常、さまざまな事象について、「これが原因でこれが結果である」という捉え方をすでに私たちはしているのだが、その捉え方をロックの場合には意識的に新たに仮説的に想定される「物そのもの」に適用し、それ自体としては一次性質しか持たない粒子ないし粒子群が、他の粒子ないし粒子群に働きかけることをロックは認めようとする。

ロックの場合、このように、新たに想定される「物そのもの」としての粒子ないし粒子群が作用因としての振る舞いを持つとされるため、そうした物そのものが私たちの感官に作用して私たちが感覚的に知覚するもの（つまり感覚としての観念）は、外にある物そのものの働きかけの単なる結果であり、したがって、それ自体が他の観念を産み出したり変化させたりする力を持つわけではないとされる。バークリはこのロック的観念が持つ非能動性に注目し、私たちが日々感覚的に知覚しているこの世界は観念からなる世界であるから、この世界には作用因的な原因・結果の関係はまったく成立していないとするのである。

ロックの場合、新たに想定される物そのものが作用因的な原因・結果の性格を持つとされ、それと連動して私たちが感覚的に知覚している観念としての日常的な「物」は、そうした性格を持たないとされている。バークリは、この私たちが感覚的に知覚している観念としての日常的な「物」のみを残し、「物そのもの」ないし「物質」を一切消去する。残った観念としての日常的な「物」の世界に作用因的因果関係がないとされるのは、ある意味で当然のことである。

前章で見たように、バークリの物質否定論の論理には、重大な歪みがあるものの、結果だけを見れば、それは、作用因的な原因・結果という物事の捉え方をもうしないでおこうという提案になっている。バークリは自身の物質否定論の議論を「論証」に近いものと言うが、(1)それは誤った論証である。けれども、結論的には、デカルトやロックが科学者として新たな提案を行ったのと同じように、バークリは次の世代の知識人として、別の新たな提案を行ったと見ることもできるのである。

バークリがそうした自身の観点から、粒子仮説を全面的に否定するのではなく、さまざまな事象どうしの関係を記号的なものと見るという観点からそれを捉え直すさまは、別の機会に論じたとおりである。(2)今ここでそれを再現することは控えるものの、バークリはこの点においても、改めて注意を払うべき思想家であったと私は思う。

2　反普遍主義的実践の思想

バークリについて、もう一点、強調しておかなければならないのは、『原理』第一〇〇節に見られる、彼の反普遍主義である。

先の第6章第4節で、私は第一〇〇節のバークリの次の言葉について、「大いに耳を傾けるべきもの」と述べた。

人間にとって幸福であるとはどういうことか、ある対象が善いということはどういうことかは、誰もみな、自分は知っていると思うだろう。しかし、個々の心地よさのいずれからも切り離された幸福の抽象観念や、〔個々の〕善いもののいずれからも切り離された善の抽象観念を形成することができると言う人はほとんどいない。同じように、人間は、他の一切から切り離された正義の観念や徳の観念を持たなくても、正しく有徳であることができる。こういった類いの言葉が個々の人間や行為のすべてから抽象された一般思念を表すという憶説は、道徳を難しいものにし、その研究を人類の役に立たないものにしてきたと思われる。そして実際、抽象の説は、知識の最も役に立つ部分を損なうのに少なからず貢献してきた(3)。

バークリの反「抽象観念」説の不備は第7章で述べたとおりだが、実のところ、彼の「抽象観念」説批判は、いくつかの異なる要素からなっていて、けっして一つのまとまった形をしているわけではない。彼の思想は、物質否定論のために抽象観念説を批判するという面とともに（これは先述のとおり、私には功を奏しているとはとても思えないのだが）、もう一つの面として、感覚や心像に典型的に認められる「特殊」性、「個々」性、「具体」性を重視し、抽象的・一般的な、漠然としたものに重きを置くことによって曖昧な思考をなすべきではないとする、実践的な面を持つ。彼の抽象観念説批判の是非はともかく、具体的な問題に向き合うべきだという彼のこの姿勢は、私には際立った現代性があると思われる。そもそも「私たちは」ではなく「私は」どう思うのか。またあえて「私たちは」と言うのなら、具体的に誰のことを言っているのか。「幸福」一般や「善」一般ではなく、目の前にある現実について君はどう思うのか。バークリの書を読むとき、私はこうしたことをバークリが問うているような気がすることがある。バミューダ計画も、バークリの生涯自体が、そのような色彩を色濃く持っていた。ここでは立ち入らないが、クロインの主教としてのさまざまな試みも、みなそうであったと私には思われる(4)。

バークリが「観念」語法を用いて物質を否定しようとしたことが、先に述べたような論理の歪みを招来するとしたら、その語法に依拠しないで、彼の例えば右に言及したような肯定的な面を展開する道はあるのか。おそらくそのような道はあるだろう。失われた『原理』第二部以下がもし失われずに公刊されたとしたら、バークリがこの問題についてどのような示唆を与えることになったかを、私は大変興味深く思う。バークリが生涯を通して身をもって示した具体的な実践の試みと、それを支えるバークリの実践の思想に更なる光があたることを、私は心から期待している。

注

まえがき

（1）バークリとアメリカ西海岸のバークリ市との関係については、冨田『観念論の教室』（ちくま新書、二〇一五年）三八ページを参照されたい。
（2）この件については、第1章注3を参照されたい。
（3）この件についても、第1章注3を参照されたい。

第1章

（1）『ハイラスとフィロナスの三つの対話』（George Berkeley, *Three Dialogues between Hylas and Philonous* [London: Henry Clements, 1713]）は、初版が一七一三年に出版されたあと、一七二五年に、初版と同内容の第二版（George Berkeley, *Three Dialogues between Hylas and Philonous* [London: William and John Innys, 1725]）が出版されている。『原理』改訂第二版との合冊で出版された一七三四年の第三版は改訂版であり、そこには『原理』第二版同様、注目すべき加筆が認められる。
（2）この件については、T. E. Jessop, 'Editor's Introduction', in *The Works of George Berkeley, Bishop of Cloyne.*

ed. A. A. Luce and T. E. Jessop, 9 vols.（London: Nelson, 1948–1957）, ii. pp. 3–17 at pp. 5–6 を参照されたい。

（3）バークリの考え方は、一般に「観念論」（idealism）と呼ばれているが、彼自身は自分の立場を「物質否定論」（immaterialism）と呼んだ（George Berkeley, *Three Dialogues between Hylas and Philonous*, in *The Works of George Berkeley, Bishop of Cloyne*, ii. The Third Dialogue, pp. 255–260 参照）。アンドレ＝ルイ・ルロワ（André-Louis Leroy, 1892–1967）によれば、バークリをはじめて「観念論者」に分類したのは、ドイツの神学者クリストフ・マテオス・パフ（Christoph Matthäus Pfaff, 1686–1760）と見られる（André-Louis Leroy, 'Influence de la philosophie Berkeleyenne sur la pensée continentale', *Hermathena*, 82 [Homage to George Berkeley（1685–1753）: A commemorative issue, November 1953], pp. 27–48 at pp. 28–29）。実際パフは、Christophorus Matthæus Pfaffius, *Oratio de egoismo*（Tubinga [Tübingen]: Georgius Fridericus Pflickius, 1722）で「観念論」（idealismus）を論じるにあたり、バークリに言及している（Ibid., p. 17）。この件については、また、Harry M. Bracken, *The Early Reception of Berkeley's Immaterialism 1710–1733*, revised edn.（Archives internationales d'histoire des idées, 10; The Hague: Martinus Nijhoff, 1965）, pp. 19–21 をあわせて参照されたい。

（4）この件については、バークリ自身が一七二九年一一月二五日付けのサミュエル・ジョンソン（Samuel Johnson, 1696–1772）――のちにキングズ・コレッジ（のちのコロンビア大学）の学長を務めた人で、いわゆる「ドクター・ジョンソン」（Samuel Johnson, 1709–1784）のことではない――宛ての手紙の中で言及している（Marc A. Hight [ed.], *The Correspondence of George Berkeley* [Cambridge: Cambridge University Press, 2013], Letter 194, pp. 301–305 at p. 305）。バークリは次のように言う。「私の人間の知識の諸原理についての論考の第二部については、実のところ、かなりの進捗があったのですが、一四年ほど前、イタリア旅行の途中でそれを紛失しました。以来、同じテーマについて二度書くという不愉快なことをする余裕がまったくありませんでした」。なお、サミュエル・ジョンソンについては、冨田『観念論の教室』（ちくま新書、二〇一五年）三四〜三六ページを参照されたい。

（5）献辞は、第八代ペンブルック伯爵（8th Earl of Pembroke）・第五代モントゴメリー伯爵（5th Earl of Montgom-

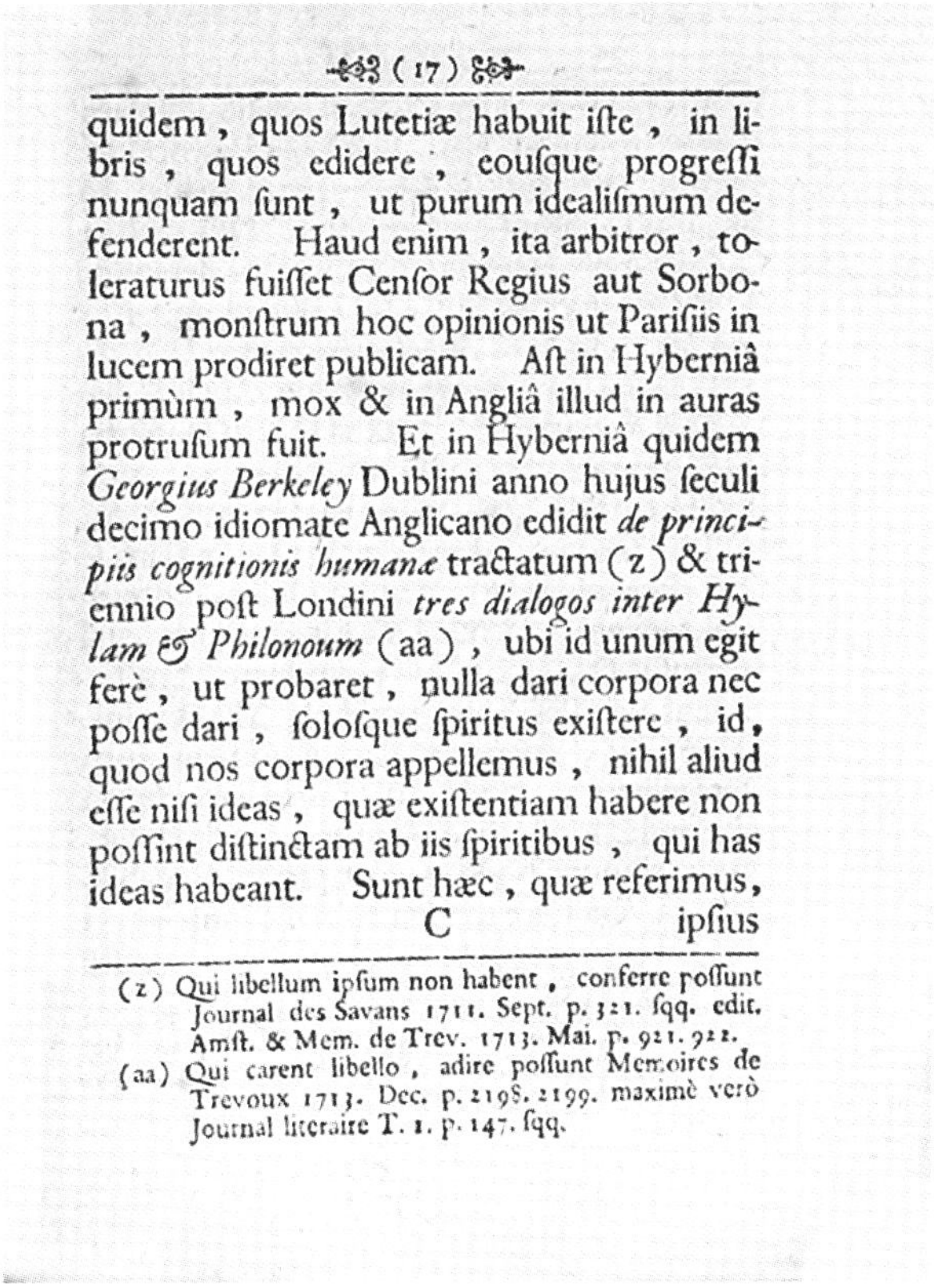
(17)

quidem, quos Lutetiæ habuit iſte, in libris, quos edidere, eouſque progreſſi nunquam ſunt, ut purum idealiſmum defenderent. Haud enim, ita arbitror, toleraturus fuiſſet Cenſor Regius aut Sorbona, monſtrum hoc opinionis ut Pariſiis in lucem prodiret publicam. Aſt in Hyberniâ primùm, mox & in Angliâ illud in auras protruſum fuit. Et in Hyberniâ quidem *Georgius Berkeley* Dublini anno hujus ſeculi decimo idiomate Anglicano edidit *de principiis cognitionis humanæ* tractatum (z) & triennio poſt Londini *tres dialogos inter Hylam & Philonoum* (aa), ubi id unum egit ferè, ut probaret, nulla dari corpora nec poſſe dari, ſoloſque ſpiritus exiſtere, id, quod nos corpora appellemus, nihil aliud eſſe niſi ideas, quæ exiſtentiam habere non poſſint diſtinctam ab iis ſpiritibus, qui has ideas habeant. Sunt hæc, quæ referimus,

C ipſius

(z) Qui libellum ipſum non habent, conferre poſſunt Journal des Savans 1711. Sept. p. 321. ſqq. edit. Amſt. & Mem. de Trev. 1713. Mai. p. 921. 922.

(aa) Qui carent libello, adire poſſunt Memoires de Trevoux 1713. Dec. p. 2198. 2199. maximè verò Journal literaire T. 1. p. 147. ſqq.

「観念論」者としてのバークリ

Christophorus Matthæus Pfaffius, *Oratio de egoismo*（Tubinga [Tübingen]: Georgius Fridericus Pflickius, 1722）, p. 17. パフはここで「観念論」（idealismus）を論じるにあたり、バークリの名前を挙げ、彼の『原理』と『三つの対話』に言及している。

ery）トマス・ハーバート（Thomas Herbert, c. 1656–1733）に宛てたものである。彼は、バークリの友人の一人で、海軍卿、王璽尚書、枢密院議長、アイルランド総督など政界の重職に就くとともに、世界最古の自然科学者の学会である王立協会（Royal Society）の会長（1689–1690）を務めた。ジョン・ロックも、主著『人間知性論』を彼に献じている。

（6）George Berkeley, *A Treatise Concerning the Principles of Human Knowledge* (2nd edn., London: Jacob Tonson, 1734), Introduction, §I, pp. 3–4; George Berkeley, *A Treatise Concerning the Principles of Human Knowledge*, in *The Works of George Berkeley, Bishop of Cloyne*, ii. Introduction, §1, p. 25.「まえがき」に記したように、以下では、一七三四年刊の『原理』第二版を*Principles*, 2nd edn. (1734) と略記し、ルース＝ジェサップ版の『原理』を*Principles*, LJ もしくは単にLJと略記する。

（7）この件については、また、冨田『カント入門講義——超越論的観念論のロジック』（ちくま学芸文庫、二〇一七年）二五〜二七ページを参照されたい。

（8）*Principles*, 2nd edn. (1734), Introduction, §II, p. 4; LJ, Introduction, §2, p. 25.

（9）*Principles*, 2nd edn. (1734), Introduction, §III, pp. 4–5; LJ, Introduction, §3, pp. 25–26.

（10）*Principles*, 2nd edn. (1734), Introduction, §IV, pp. 5–6; LJ, Introduction, §4, p. 26.

（11）*Principles*, 2nd edn. (1734), Introduction, §V, p. 6; LJ, Introduction, §5, pp. 26–27.

（12）*Principles*, 2nd edn. (1734), p. 1; LJ, p. 1.

（13）*Principles*, LJ, The Preface, p. 23.

（14）バークリの「バミューダ計画」については、冨田『観念論の教室』二九〜三八ページを、クロインの主教としての活動については、同書四〇〜四一ページを参照されたい。

（15）因みに、バークリは、一七一〇年三月一日付け（三月二五日に年が変わる当時の方式では一七〇九年三月一日付け）のパーシヴァル（John Percival, 1683–1748）宛て書簡で「今印刷中の論考」すなわち『原理』の意図に触れ、それを「神の存在と属性、魂の不死性、神の予知と人間の自由の調和を論証するとともに、理論的な学問のさまざまな部分の空虚さと虚偽性とを示すことによって、人々を宗教と役に立つ事柄の研究に向かわせること」（Benjamin Rand. *Berkeley and Percival: The Correspondence of George Berkeley Afterwards Bishop of Cloyne and Sir John Percival Afterwards Earl of Egmont* [Cambridge: Cambridge University Press, 1914; paperback edn., 2014], p. 73）としている。

（16）ここで「憶説」と訳した原語は opinion である。この英語の言葉はラテン語の opinio に由来するもので、同じく英語の knowledge とともに、古代ギリシャの δόξα と ἐπιστήμη という対概念を表現するのに用いられた。すなわち、knowledge が確かな知識を表すのに対して、opinion は人の思いなし、蓋然的な信念を表す。ここではそのことを念頭に置き、ギリシャ語の δόξα の訳語の一つとして用いられている「憶説」を、あえて用いる。

（17）*Principles*, 2nd edn. (1734), Introduction, § VI, pp. 6–7; LJ, Introduction, § 6, p. 27.

（18）言うまでもないことであろうが、英語の場合、particular と general が対になり、前者は他とは違う個々の物とか個々のあり方とかを言うのに用いられ、後者は複数のものに共通に見られるあり方を言うのに用いられる。ここでは particular を伝統的な訳語を用いて「特殊（な）」とするが、「特別な」とか「変わった」とかいった意味ではもちろんなく、個々の物やあり方がそれぞれ他とは違っていることを言うにすぎない。

（19）*Principles*, 2nd edn. (1734), Introduction, § VII, pp. 7–8; LJ, Introduction, § 7, pp. 27–28.

（20）*Principles*, 2nd edn. (1734), Introduction, § VIII, pp. 8–9; LJ, Introduction, § 8, p. 28.

（21）バークリの「抽象観念」の事例の挙げ方は周到である。ロックが観念を単純観念と複合観念に分けたことをバークリは念頭に置き、まず単純観念に属する延長や色や運動を取り上げ、それらが互いに分離されて、単独で扱われるという考えを説明し、その上で、今度は、延長にせよ色にせよ運動にせよ、特定の延長でも特定の色でも特定の運動でもない延長一般、色一般、運動一般の観念が形成されるという抽象観念説の考え方を説明する。そしてさらに、今度は複合抽象観念の事例を取り上げるのである。「人間」や「動物」の複合抽象観念は、ロックでは「実体」の複合観念に分類され、あとで言及される「三角形」の観念は「様態」の複合観念に分類される。

(22) *Principles*, 2nd edn. (1734), Introduction, § IX, pp. 9–11; LJ, Introduction, § 9, pp. 28–29.

(23) *Principles*, 2nd edn. (1734), Introduction, § X, pp. 11–12; LJ, Introduction, § 10, pp. 29–30.

(24) *Principles*, 2nd edn. (1734), Introduction, § XI, p. 13; LJ, Introduction, § 11, p. 30.

(25) バークリが「序論」のこの長い節（第一一節）でロックの『人間知性論』から引用している箇所は、『人間知性論』第二巻第一一章第一〇節・第一一節、それに、第三巻第三章第六節である。これらについては、*Principles*, 2nd edn. (1734), Introduction, § XI, pp. 13–15; LJ, Introduction, § 11, pp. 30–31 を参照されたい。

(26) ロックの抽象観念説が実際にどのようなものであるかは、第7章で論じる。またこの件については、冨田『ロック入門講義——イギリス経験論の原点』（ちくま学芸文庫、二〇一七年）第5章を参照されたい。

(27) *Principles*, 2nd edn. (1734), Introduction, § XI, pp. 15–16; LJ, Introduction, § 11, p. 31.

(28) *Principles*, 2nd edn. (1734), Introduction, § XII, pp. 16–17; LJ, Introduction, § 12, pp. 31–32.

(29) 第7章で述べるように、ロックの原文とバークリの引用文とではイタリック（訳では傍点）の位置が異なる。

(30) *Principles*, 2nd edn. (1734), Introduction, § XIII, pp. 17–18; LJ, Introduction, § 13, pp. 32–33.

(31) *Principles*, 2nd edn. (1734), Introduction, § XIII, pp. 18–19; LJ, Introduction, § 13, p. 33.

(32) *Principles*, 2nd edn. (1734), Introduction, § XIV, pp. 19–20; LJ, Introduction, § 14, p. 33.

(33) ここに「絶対的、積極的」と訳した原語は、absolute, positive であり、この場合の positive は absolute とほぼ同義で、他との関係においてではなく「それ自体としての」という意味合いを持つ。

(34) *Principles*, 2nd edn. (1734), Introduction, § XV, pp. 20–21; LJ, Introduction, § 15, pp. 33–34.

(35) *Principles*, 2nd edn. (1734), Introduction, § XVI, pp. 21–22; LJ, Introduction, § 16, p. 34.

(36) *Principles*, 2nd edn. (1734), Introduction, § XVI, pp. 22–23; LJ, Introduction, § 16, pp. 34–35. 因みに、のちにカントは『純粋理性批判』の中でこれと同じ主張を行う。この件については、冨田『カント哲学の奇妙な歪み——『純粋

理性批判』を読む』（岩波現代全書、二〇一七年）七六ページ以下、および、冨田『カント批判――『純粋理性批判』の論理を問う』（勁草書房、二〇一八年）一八八ページ以下を参照されたい。

（37）*Principles*, 2nd edn. (1734), Introduction, § XVIII, p. 25; LJ, Introduction, § 18, p. 36.

（38）*Principles*, 2nd edn. (1734), Introduction, § XVIII, pp. 25-26; LJ, Introduction, § 18, p. 36.

（39）*Principles*, 2nd edn. (1734), Introduction, § XVIII, p. 26; LJ, Introduction, § 18, p. 36.

（40）*Principles*, 2nd edn. (1734), Introduction, § XIX, pp. 26-27; LJ, Introduction, § 19, pp. 36-37.

（41）この件については、冨田『アメリカ言語哲学入門』（ちくま学芸文庫、二〇〇七年）第二章を参照されたい。

（42）*Principles*, 2nd edn. (1734), Introduction, § XX, pp. 27-29; LJ, Introduction, § 20, pp. 37-38.

（43）*Principles*, 2nd edn. (1734), Introduction, § XXI, pp. 29-30; LJ, Introduction, § 21, pp. 38-39.

（44）*Principles*, 2nd edn. (1734), Introduction, § XXII, pp. 30-31; LJ, Introduction, § 22, p. 39.

（45）*Principles*, 2nd edn. (1734), Introduction, § XXIII, pp. 31-32; LJ, Introduction, § 23, pp. 39-40.

（46）*Principles*, 2nd edn. (1734), Introduction, § XXIV, p. 33; LJ, Introduction, § 24, p. 40.

（47）*Principles*, 2nd edn. (1734), Introduction, § XXV, pp. 33-34; LJ, Introduction, § 25, p. 40.

第2章

（1）バークリがトリニティー・コレッジのシニア・フェローを辞するまでの略伝は、以下のとおりである。彼は、父ウィリアム（William Berkeley）、母エリザベス（Elisabeth Berkeley）の長男として、アイルランドの東南、キルケニー州（County Kilkenny）の州都キルケニー（Kilkenny）郊外にある、キルクリーン（Kilcrene）で、一六八五年三月一二日に生まれた。バークリは幼少期をトマスタウンの近くのダイサート・カースル（Dysart Castle）で過ごし、一一歳（一六九六年）から一五歳（一七〇〇年）までキルケニーにあるキルケニー・コレッジ（Kilkenny College）で学ぶ。そして、一七〇〇年に一五歳でダブリンのトリニティー・コレッジ（Trinity College）に入学、四年後の一七〇四年に学士号（BA）を取得し、その後、一七〇七年、二二歳のときに修士号（MA）を取得した。同年彼はトリニティー・コレッジのジュニア・フェロー（junior fellow 特別研究員）に選ばれ、一七一七年（三二歳のとき）にはシニア・フェロー（senior fellow 上級特別研究員）になる。他方、彼はこれと並行して聖職者としての階梯を進み、一七〇九年に執事（deacon）に、翌一七一〇年に司祭（priest）になる。また、一七二一年（三六歳のとき）に神学士号（BD）と神学博士号（DD）を取得、一七二四年（三九歳のとき）、アルスター地方にあるデリー（Derry［公式にはロンドンデリー Londonderry］）の主席司祭（dean）に任命され、これによってトリニティー・コレッジのシニア・フェローの職を辞することになる。バークリが若き日を過ごしたダブリンのトリニティー・コレッジは、女王エリザベス一世の勅許によりオール・ハロウズ修道院（諸聖人修道院 Priory of All Hallows）跡地に一五九二年に設立されたもので、正式名称は「ダブリン近傍のエリザベス女王の神聖にして不可分なる三位一体のコレッジ」（The College of the Holy and Undivided Trinity of Queen Elizabeth near Dublin）と言う。なお、バークリの略伝については、冨田『観念論の教室』（ちくま新書、二〇一五年）第一章をあわせて参照されたい。

（2）『人間知性論』の各版については、冨田『ロック入門講義――イギリス経験論の原点』（ちくま学芸文庫、二〇一七年）七一〜七四ページを参照されたい。本書では、John Locke, *An Essay Concerning Human Understanding*, ed. Peter H. Nidditch（Oxford: Oxford University Press, 1975）を用いる。

（3）トリニティー・コレッジに『人間知性論』の研究を勧めたのは、トリニティー・コレッジ出身で、ロックの友人の一人であるウィリアム・モリニュー（William Molyneux, 1656-1698）である。モリニューについては、冨田『ロック入門講義』二五二〜二五五ページ、および冨田『カント批判――『純粋理性批判』の論理を問う』（勁草書房、二〇一八年）二〇六ページ以下を参照されたい。なお、Molyneux が「モリニュー」に近く発音されることについては、二五年ほど前に、トリニティー・コレッジの物理学教室より確認を得た。当時の関係諸氏に改めて感謝の意を表する。

（4）言うまでもなく、「観念説」は「観念論」の同義語ではない。私が用いている「観念説」という言葉は、トマス・

リード（Thomas Reid, 1710-1796）が批判的な意味合いで用いた theory of ideas もしくは ideal theory を念頭に置いたもので、「観念」（idea）もしくはその代替語である「表象」を議論の基本枠の不可欠の要素とする見解の総称である。すべてを心ないしその中にある観念と見る「観念論」は、その一形態にすぎない。もとより、私が「観念説」と言うとき、リードのように否定的な意味合いを含ませることはしない。

（5）Passions は最初から「感情」と訳していい言葉ではあるが、感情は心がなんらかの働きかけを受けることから生じるという伝統的な理解から、心の Action との対比においてそれが理解されている面がある。ここでもバークリは the Passions and Operations of the Mind と述べており、普通には the Mind が Passions と Operations の双方に掛かっていると読める。しかし、それを「心の感情と働き」と訳すと「心の感情」という少々奇妙な日本語になるため、ここではまず「受動」とした上で「感情」であることを注記する形をとった（他の使用箇所ではもっぱら「感情」と訳すことにする）。なお、Passion と Action の対比が明確に現れるテクストの一つに、次節で引用するロックの『人間知性論』の文言（Locke, *An Essay Concerning Human Understanding*, II. i. 4, pp. 105–106）がある。そこでは、Actions とともに Operations という言葉も認められる。

（6）*Principles*, 2nd edn.（1734）, Part I, § I, p. 35; LJ, Part I, § 1, p. 41.

（7）「度合い」（Degree）という言葉は、ロックが『人間知性論』でさまざまな白さのようないわゆる「示強的特性」の差異を言うのに使用した言葉である。Locke, *An Essay Concerning Human Understanding*, II. xvii. 6, p. 213 参照。カントはこれを Grad として継承し、いわゆる「内包量」（intensive Größe）について論じた。この件についての詳細は、冨田『カント批判』一四四ページ以下を参照されたい。

（8）*Principles*, 2nd edn.（1734）, Part I, § I, pp. 35–36; LJ, Part I, § 1, p. 41.

（9）Locke, *An Essay Concerning Human Understanding*, II. xii. 1, p. 164.

（10）Ibid., II. xxiii. 1, p. 295.

（11）Ibid., III. vi. 28, p. 456.

(12) *Principles*, 2nd edn. (1734), Part I, § I, p. 36; LJ, Part I, § I, p. 41.
(13)「観念の集合体」というこの表現は、ロックの『人間知性論』では、次のように用いられている。「馬や石などのような特定の種類の物体的実体について語ったり考えたりするとき、私たちがそれらについて持つ観念は、〔……〕さまざまな単純観念の〔……〕集合体（Collection）にすぎない〔……〕」（Locke, *An Essay Concerning Human Understanding*, II. xxiii. 4, p. 297)。
(14) Ibid., II. i. 3-4, p. 105 参照。
(15) Ibid., II. i. 4, p. 105 参照。「内的感官」というロックのこの表現がカントに受け継がれていることについては、冨田『カント批判』一七七ページを参照されたい。
(16) Locke, *An Essay Concerning Human Understanding*, II. i. 4, pp. 105–106.
(17) *Principles*, 2nd edn. (1734), Part I, § I, p. 36; LJ, Part I, § I, p. 41.
(18) Locke, *An Essay Concerning Human Understanding*, II. x: Of Retention, p. 149 ff. 参照。
(19) バークリが観念の「分離」を言うとき、彼は心像操作としてのそうした心の働きを言っているのであって、ロックが概念分析の意味で「抽象観念」を論じるのをバークリが認めていることを意味するものではない。第1章で見たように、バークリは心像論的な立場から観念の「分離」に言及しており、その意味で、彼の説は、ロック説の一部のみを認める形となっている。この件については、本書第7章で論じる。
(20) Locke, *An Essay Concerning Human Understanding*, II. xii. 1, p. 163.
(21) *Principles*, 2nd edn. (1734), Part I, § CXLII, pp. 160–161; LJ, Part I, § 142, p. 106.
(22) 例えば、G・A・ジョンストン（George Alexander Johnston, 1888–1983）は、G. A. Johnston, *The Development of Berkeley's Philosophy* (London: Macmillan, 1923), p. 143 ff. において、「そうしたもの」を「観念」とみなすのは「文法的にも哲学的にも間違っている」（Ibid., p. 144）と主張する。また、*The Works of George Berkeley, Bishop of Cloyne* の編集者の一人であるジェサップも、Berkeley, *A Treatise Concerning the Principles of*

Human Knowledge, in *The Works of George Berkeley, Bishop of Cloyne*, ii. p. 41, n. 1 において、「'Such as' は「そうした観念」もしくは「そうした対象」のいずれかを意味するであろう。〔『原理』第一部〕第一三五節〜第一四〇節、それに第一四二節は、それが後者の意味で理解されるべきことを証明する。バークリは「観念」によって常に感覚的対象（sensory object）のことを言おうとする」と言う。

(23) 私のこの解釈と同じ方向で解釈を行う人に、ファーロング（Edmund James Joseph Furlong, 1913-1996）がいる。これについては、E. J. Furlong, 'An Ambiguity in Berkeley's *Principles*', *Philosophical Quarterly*, vol. 14, no. 57 (1964), pp. 334-344 を参照されたい。

(24) フレイザーの見解については、*The Works of George Berkeley*, ed. Alexander Campbell Fraser, 4 vols. (Oxford: Oxford University Press, 1901), i. p. 257, n. 1 を参照されたい。

(25) *Principles*, 2nd edn. (1734), Part I, § II, pp. 36-37; LJ, Part I, § 2, pp. 41-42.

(26) 私たちは「自分の存在」すなわち自分の心の存在を、反省（Reflexion）によって把握するとバークリは言う。この件については、『原理』改訂第二版第一部第八九節の加筆箇所（*Principles*, 2nd edn. [1734], Part I, § LXXXIX, p. 112; LJ, Part I, § 89, p. 80）を参照されたい（この加筆箇所を含む第八九節の文言については、本書第6章第2節の引用箇所を参照されたい）。

(27) 興味深いことに、カントもこのロック説を承知しており、彼自身それを受け入れていた。カントは一七九八年に刊行した『実用的見地における人間学』(Immanuel Kant, *Anthropologie in pragmatischer Hinsicht*, in *Kant's gesammelte Schriften* [Berlin: Georg Reimer/Walter de Gruyter, 1900-], vii. p. 135) において次のように言う。「もろもろの表象を持つことと、にもかかわらずそれらを意識しないこととの間には、矛盾があるように思われる。というのも、もし私たちがそれらを意識しないのであれば、自分がそれらを持っていることを、どうして私たちは知ることができるのか。こうした異議申し立ては、すでにロックが行っている。そのため彼はまた、そのような〔私たちが意識することなく持っているような〕種類の表象が存在することを否認した」。この件については、冨田『カント批判』六五ページをあわせて参照されたい。
(28) Locke, *An Essay Concerning Human Understanding*, II. x. 2, p. 150.
(29) Ibid., I. ii. 5, pp. 50–51.
(30) *Principles*, 2nd edn. (1734), Part I, § III, pp. 37–38; LJ, Part I, § 3, p. 42.
(31) Locke, *An Essay Concerning Human Understanding*, IV. ii: Of the Degrees of our Knowledge, pp. 530–538.
(32) Ibid., IV. ii. 1, pp. 530–531.
(33) *Principles*, 2nd edn. (1734), Part I, § IV, p. 38; LJ, Part I, § 4, p. 42.
(34) *Principles*, 2nd edn. (1734), Part I, § V, pp. 38–39; LJ, Part I, § 5, pp. 42–43.
(35) *Principles*, 2nd edn. (1734), Part I, § VI, p. 40; LJ, Part I, § 6, p. 43.
(36) *Principles*, 2nd edn. (1734), Part I, § VII, pp. 40–41; LJ, Part I, § 7, pp. 43–44.
(37) Locke, *An Essay Concerning Human Understanding*, II. xxiii: Of our Complex Ideas of Substances, p. 295 ff. 参照。

第3章

(1) *Principles*, 2nd edn. (1734), Part I, § VIII, p. 41; LJ, Part I, § 8, p. 44.
(2)「似たもの原理」は、また「第一部」第九〇節でも、観念が「心の外に存在するなんらかの原型の類似物である」ことを否定するのに用いられる。*Principles*, 2nd edn. (1734), Part I, § XC, p. 112; LJ, Part I, § 90, p. 80.
(3) René Descartes, *Principia Philosophiæ*, in *Œuvres de Descartes*, ed. Charles Adam and Paul Tannery, 12 vols. (Paris: Léopold Cerf, 1897–1910), viii. Pars prima, § LI, p. 24 参照。
(4) この件については、冨田『デカルト入門講義』(ちくま学芸文庫、二〇一九年) 一四二〜一四三ページ、二〇七〜二一二ページを参照されたい。

（5）*Principles*, 2nd edn. (1734), Part I, § IX, p. 42; LJ, Part I, § 9, pp. 44–45.

（6）のちに述べるように、Solidity とは、物体がその場所を譲らない限り、他の物体がその場所へ侵入することを許さない性質のことで、バークリがときに誤解する「硬さ」のことではない。

（7）この件については、冨田『ロック入門講義——イギリス経験論の原点』（ちくま学芸文庫、二〇一七年）九六〜一〇一ページをあわせて参照されたい。

（8）Texture は当時の粒子仮説の専門用語で、どのような種類の粒子がどのように並んでいるかを言うものであった。

（9）ここでは立ち入らないが、粒子仮説について「彼らはこれを、一切の例外なしに論証することのできる、疑いのない真理とみなす」と説明するバークリの科学観には問題がある。一七世紀イギリスで、科学観に変更があったことについては、G. A. J. Rogers, 'Boyle, Locke, and Reason', *Journal of the History of Ideas*, 27 (1966), pp. 205–216 at pp. 214–215; M. J. Osler, 'John Locke and the Changing Ideal of Scientific Knowledge', *Journal of the History of Ideas*, 31 (1970), pp. 3–16; Yasuhiko Tomida, 'Locke's "Things Themselves" and Kant's "Things in Themselves": The Naturalistic Basis of Transcendental Idealism, in Sarah Hutton and Paul Schuurman (eds.), *Studies on Locke: Sources, Contemporaries, and Legacy* (Archives internationales d'histoire des idées 197; Dordrecht: Springer, 2008), pp. 261–275 at p. 271 を参照されたい。

（10）*Principles*, 2nd edn. (1734), Part I, § X, pp. 43–44; LJ, Part I, § 10, p. 45.

（11）例えばロックについては、John Locke, *An Essay Concerning Human Understanding*, ed. Peter H. Nidditch (Oxford: Oxford University Press, 1975), II. xiii. 11, p. 172 を参照されたい。彼はそこで、「緋色は延長なしには存在しえない」と言う。

（12）*Principles*, 2nd edn. (1734), Part I, § XI, p. 44; LJ, Part I, § 11, pp. 45–46.

（13）この件については、冨田『デカルト入門講義』二一六〜二一七ページをあわせて参照されたい。

（14）*Principles*, 2nd edn. (1734), Part I, § XII, p. 45; LJ, Part I, § 12, p. 46.

(15) *Principles*, 2nd edn. (1734), Part I, § XIII, pp. 45–46; LJ, Part I, § 13, p. 46.

(16) ロックの「単一性」の観念に関する考え方の詳細については、Yasuhiko Tomida, 'Number and Infinity', in S.-J. Savonius-Wroth, Paul Schuurman, and Jonathan Walmsley (eds.), *The Continuum Companion to Locke* (London and New York: Continuum, 2010), pp. 191–193; 冨田『観念説の謎解き――ロックとバークリをめぐる誤読の論理』(世界思想社、二〇〇六年)九四～一〇〇ページ、冨田『ロック入門講義』一九〇～二〇一ページを参照されたい。

(17) カントは「単一性」(Einheit)を純粋知性概念(カテゴリー)の一つとし、純粋知性概念は「像」(Bild)にならないとした。この件については、冨田『カント入門講義――超越論的観念論のロジック』(ちくま学芸文庫、二〇一七年)二三六～二三八ページを参照されたい。

(18) *Principles*, 2nd edn. (1734), Part I, § XIV, p. 46; LJ, Part I, § 14, p. 46.

(19) Ibid.

(20) *Principles*, 2nd edn. (1734), Part I, § XIV, p. 46; LJ, Part I, § 14, pp. 46–47.

(21) *Principles*, 2nd edn. (1734), Part I, § XIV, pp. 46–47; LJ, Part I, § 14, p. 47.

(22) *Principles*, 2nd edn. (1734), Part I, § XV, p. 47; LJ, Part I, § 15, p. 47.

(23) Ibid.

(24) この件については、Yasuhiko Tomida, *Locke, Berkeley, Kant: From a Naturalistic Point of View* (2nd edn., revised and enlarged, Hildesheim, Zürich, and New York: Georg Olms, 2015), p. 153, n. 14 を参照されたい。

(25) この「先の議論」については、Ibid., pp. 152–154 を参照されたい。ルースはこれを「第一部」第三節～第六節の、「存在するということは知覚されるということである」に基づく議論であるとしたが(A. A. Luce, 'Berkeley's New Principle Completed', in Warren E. Steinkraus [ed.], *New Studies in Berkeley's Philosophy* [New York: Holt, Rinehart, and Winston, 1966], pp. 1–11 at p. 2)、これは正しくない。この件については、Tomida, *Locke, Berkeley, Kant*, p. 153, n. 15 を参照されたい。

(26) これについては、Locke, *An Essay Concerning Human Understanding*, II. xxiii. 2, pp. 295–296 を参照。
(27) positive の用法については、第1章注33を参照されたい。
(28) *Principles*, 2nd edn. (1734), Part I, § XVI, pp. 47–48; LJ, Part I, § 16, p. 47.
(29) *Principles*, 2nd edn. (1734), Part I, § XVI, p. 48; LJ, Part I, § 16, p. 47.
(30) *Principles*, 2nd edn. (1734), Part I, § XVII, pp. 48–49; LJ, Part I, § 17, pp. 47–48.
(31) *Principles*, 2nd edn. (1734), Part I, § XVIII, pp. 49–50; LJ, Part I, § 18, p. 48.
(32) Locke, *An Essay Concerning Human Understanding*, IV. i. 3, p. 525; IV. iii. 10, p. 544; IV. iii. 14, p. 546 など。
(33) *Principles*, 2nd edn. (1734), Part I, § XIX, p. 50; LJ, Part I, § 19, p. 49.
(34) *Principles*, 2nd edn. (1734), Part I, § XIX, pp. 50–51; LJ, Part I, § 19, p. 49.
(35) この件については、冨田『デカルト入門講義』一三五～一三九ページを参照されたい。
(36) Locke, *An Essay Concerning Human Understanding*, IV. iii. 29, pp. 559–560.
(37) *Principles*, 2nd edn. (1734), Part I, § XX, pp. 51–52; LJ, Part I, § 20, p. 49.
(38) *Principles*, 2nd edn. (1734), Part I, § XXI, p. 52; LJ, Part I, § 21, pp. 49–50. なお、当然ながら、ここに言う「アプリオリ」と「アポステリオリ」は、カントのそれとは異なり、むしろそれらの言葉の原義に戻って、「アプリオリ」は「原理から」、「アポステリオリ」は「帰結から」を意味する。つまり、問題の物質肯定論はすでに真なる原理に基づいて否定されているので、ここでわざわざ物質肯定論からどんなよくない帰結が出てくるかを論じることによってそれがよくないと言う必要はないと、バークリは言っているのである。カントの「アプリオリ」と「アポステリオリ」については、冨田『カント入門講義』一三一～一三四ページを参照されたい。
(39) *Principles*, 2nd edn. (1734), Part I, § XXII, pp. 52–53; LJ, Part I, § 22, p. 50.
(40) *Principles*, 2nd edn. (1734), Part I, § XXII, p. 53; LJ, Part I, § 22, p. 50.
(41) *Principles*, 2nd edn. (1734), Part I, § XXIII, pp. 53–54; LJ, Part I, § 23, pp. 50–51.

(42) *Principles*, 2nd edn. (1734), Part I, § XXIV, pp. 54–55; LJ, Part I, § 24, p. 51.

第4章

(1) *Principles*, 2nd edn. (1734), Part I, § XXV, pp. 55–56; LJ, Part I, § 25, pp. 51–52.

(2) *Principles*, 2nd edn. (1734), Part I, § XXVI, p. 56; LJ, Part I, § 26, p. 52.

(3) *Principles*, 2nd edn. (1734), Part I, § XXVII, pp. 57–58; LJ, Part I, § 27, pp. 52–53. 最後の「但し」から始まる一文は、改訂第二版で加筆された。

(4) *Principles*, 2nd edn. (1734), Part I, § XXVIII, p. 58; LJ, Part I, § 28, p. 53.

(5) *Principles*, 2nd edn. (1734), Part I, § XXIX, pp. 58–59; LJ, Part I, § 29, p. 53.

(6) *Principles*, 2nd edn. (1734), Part I, § XXX, p. 59; LJ, Part I, § 30, pp. 53–54.

(7) この「必然的結合」については、前章注32に示すロックの『人間知性論』の箇所を参照されたい。

(8) *Principles*, 2nd edn. (1734), Part I, § XXXI, pp. 59–60; LJ, Part I, § 31, p. 54.

(9) *Principles*, 2nd edn. (1734), Part I, § XXXII, pp. 60–61; LJ, Part I, § 32, p. 54.

(10) *Principles*, 2nd edn. (1734), Part I, § XXXIII, pp. 61–62; LJ, Part I, § 33, pp. 54–55.

第5章

(1) Alexander Campbell Fraser, 'Editor's Preface to the Treatise Concerning the Principles of Human Knowledge', in *The Works of George Berkeley*, ed. Alexander Campbell Fraser, 4 vols. (Oxford: Oxford University Press, 1901), i. pp. 213–232 at 231 参照。

(2) T. E. Jessop, 'Editor's Introduction', in *The Works of George Berkeley, Bishop of Cloyne*, ed. A. A. Luce and T. E. Jessop, 9 vols. (London: Nelson, 1948–1957), ii. pp. 3–17 at p. 16 参照。

（３） Jonathan Dancy, 'Analysis of the *Principles*', in George Berkeley, *A Treatise Concerning the Principles of Human Knowledge*, ed. Jonathan Dancy (Oxford: Oxford University Press, 1998), pp. 76–82 at p. 79 参照。

（４） *Principles*, 2nd edn. (1734), Part I, § XXXIV, p. 62; LJ, Part I, § 34, p. 55.

（５） natura の原義からして rerum natura は「物の本性」とか「物の本質」とかの訳語が通常用いられるが、ここでは「私たちは自然の中の物をなに一つ失うことはない」というバークリの言葉を承けて、natura をいわゆる「大自然」の意味にとって「諸物からなる自然」と訳すことにした。

（６） *Principles*, 2nd edn. (1734), Part I, § XXXIV, pp. 62–63; LJ, Part I, § 34, p. 55.

（７） *Principles*, 2nd edn. (1734), Part I, § XXXV, p. 63; LJ, Part I, § 35, p. 55.

（８） *Principles*, 2nd edn. (1734), Part I, § XLI, p. 67; LJ, Part I, § 41, p. 57.

（９） *Principles*, 2nd edn. (1734), Part I, § XLI, pp. 67–68; LJ, Part I, § 41, pp. 57–58.

（10） *Principles*, 2nd edn. (1734), Part I, § XLII, p. 68; LJ, Part I, § 42, p. 58.

（11） Ibid.

（12） ここでは立ち入らないが、「線や角といったそれと必然的結合を持つものによって理解されたり判断されたりするのではな〔い〕」というのは、デカルトの説を念頭に置いてのことである。これについては、冨田『観念論の教室』（ちくま新書、二〇一五年）八二～八三ページを参照されたい。

（13） *Principles*, 2nd edn. (1734), Part I, § XLIII, pp. 68–69; LJ, Part I, § 43, p. 58.

（14） *Principles*, 2nd edn. (1734), Part I, § XLIV, pp. 69–70; LJ, Part I, § 44, pp. 58–59.

（15） バークリの視覚論については、冨田『観念論の教室』第二章、冨田『ロック入門講義――イギリス経験論の原点』（ちくま学芸文庫、二〇一七年）第七章、冨田『カント批判――『純粋理性批判』の論理を問う』（勁草書房、二〇一八年）第六章で論じた。

（16） *Principles*, 2nd edn. (1734), Part I, § XLV, pp. 70–71; LJ, Part I, § 45, p. 59.

(17) *Principles*, 2nd edn. (1734), Part I, § XLV, p. 71; LJ, Part I, § 45, p. 59.

(18) *Principles*, 2nd edn. (1734), Part I, § XLVI, pp. 71-72; LJ, Part I, § 46, pp. 59-60.

(19) デカルトについては、冨田『デカルト入門講義』（ちくま学芸文庫、二〇一九年）一六八〜一六九ページを参照されたい。

(20) サミュエル・ジョンソンについては、第1章注4および冨田『観念論の教室』三四〜三六ページを参照されたい。

(21) サン＝プルサンのデュラン（Durand de Saint-Pourçain, Durandus de Sancto Porciano, Durandus a Sancto Portiano, c. 1275-c. 1334）のこと。彼は神を「第一原因」（causa prima）、物質を「第二原因」（causa secunda）とした上で、Durandus a Sancto Portiano, *Super sententias theologicas Petri Lombardi commentariorum libri quatuor*, Liber II, Distinctio I, Quæstio V の末尾（D. Dvrandus a Sancto Portiano, *Super sententias theologicas Petri Lombardi commentariorum libri quatuor* [Parisii（Paris）: Ioannes de Roigny, 1550], Liber II, Distinctio I, Quæstio V, Fo. 111 [verso]）において、「したがって、神がそのような働きを直接行使する必要はなく、単に第二原因の本性と力を維持することによって間接的にそれを行使するだけでよい」（Et ideo nō oportet quòd deus ad talem actionem immediatè coagat, sed solum mediatè conseruando naturam & virtutem causæ secundæ.）と述べている。

(22) Marc A. Hight（ed.）, *The Correspondence of George Berkeley*（Cambridge: Cambridge University Press, 2013）, Letter 194, pp. 301-305 at p. 303.

(23) Ibid.

(24) *Principles*, 2nd edn. (1734), Part I, § XLVII, pp. 72-74; LJ, Part I, § 47, pp. 60-61.

(25) 私は先ほど「無限に分割できるものの諸部分をどこまでも知覚しようとすると、それは無限に大きなものになるというバークリの論法の趣旨は、私たちが諸部分をさらにどこまでも知覚しようとすると、その物体を（例えば近づくとか虫めがねで見るとか顕微鏡で観察するとかいった仕方で）どんどん拡大してその諸部分を知覚することになると考えるなら、理解されると思う」と述べたが、実のところ、バークリのこの議論は私には正しいものとは思えない。

バークリは「感官がもっと鋭くなれば、それに応じて、感官はより多くの部分を対象のうちに知覚する」ことから、「対象はより大きく見え、その形は変化し、その輪郭をなす、以前には知覚できなかったもろもろの部分は、いまや、鈍い感官によって知覚されていた線や角とは非常に異なる線や角によってそれを囲んでいるように見える」と言う。今、便宜上、大きさに話題を限定すると、離れたところにある物体の諸部分が識別できないとき、その諸部分を識別するためには、その物体を例えば引き寄せて見ることになる。このとき、離れているときにその物体の全体が視野の中に占める割合と、引き寄せたときにその全体が視野の中に占める割合とを比較すると、明らかに後者のほうが大きく、そのため、その物体は見かけとしては「より大きく見え〔る〕」ことになる。同じように、虫めがねや顕微鏡を使えば、その物体の諸部分がさらに細かく識別でき、その場合、その物体の全体が視野に占める割合はさらに大きくなる。したがって、私たちがその物体の諸部分を無限に識別できるようにするなら、それに応じてその物体は見かけ上無限に大きく見えることになる。もしバークリがこのようなことを考えて「物体は無限の大きさに見える」と言っているのであれば、この議論は、「感官がもっと鋭くなれば」という彼の前提に反しており、妥当性を欠く。視力検査に使うランドルト環の機能からもわかるように、視力の鋭さは、最小視角の小ささの問題であって、それがいくらさらに小さくなっても、その場合、見られている物体が視野の中に占める割合が大きくなるわけではない。感官の鋭さは、視覚の場合には、この最小視角がどれほど小さいかの話であるはずなのに、感覚が鋭くなればなるほど（つまりさらに小さい部分が識別できるようになればなるほど）対象が大きく見えるというバークリの話は、最小視角が一定であることを前提としたものである。この前提は、当然のことながら、感覚の鋭さを問題にするときの唯一の選択肢ではない。私がバークリのこの議論に疑問を持つのはこのためである。なお、最小視角に関するロックの見解については、冨田『ロック入門講義』一八六～一八七ページを参照されたい。

（26）*Principles*, 2nd edn.（1734）, Part I, § XLVIII, pp. 74–75; LJ, Part I, § 48, p. 61.

（27）*Principles*, 2nd edn.（1734）, Part I, § XLIX, p. 75; LJ, Part I, § 49, p. 61.

（28）*Principles*, 2nd edn.（1734）, Part I, § XLIX, p. 75–76; LJ, Part I, § 49, pp. 61–62.

(29) *Principles*, 2nd edn. (1734), Part I, § L, p. 76; LJ, Part I, § 50, p. 62.

(30) *Principles*, 2nd edn. (1734), Part I, § L, pp. 76–77; LJ, Part I, § 50, p. 62.

(31) この件については、冨田『観念論の教室』一六五〜一七〇ページを参照されたい。

(32) *Principles*, 2nd edn. (1734), Part I, § LI, p. 77; LJ, Part I, § 51, p. 62.

(33) この言葉はアリストテレスの『トピカ』に由来するもので、ロジャー・ベーコン (Roger Bacon, c. 1219–c. 1292) は『大著作』(*Opus majus*) 第一部第四章で次のように述べている。「したがって、哲学者〔＝アリストテレス〕は『トピカ』第二巻で言う。多くの者のように語るべきではあるものの、少数の者のように考えなければならない、と」(Quare Philosophus dicit secundo Topicorum, quod sentiendum est ut pauci, licet loquendum sit ut plures [...]) (*The Opus Majus of Roger Bacon*, ed. John Henry Bridges, 2 vols. [Cambridge: Cambridge University Press, 2010], i. Pars prima, Capitulum IV, p. 11)。のちにフランシス・ベーコン (Francis Bacon, 1561–1626) は、『学問の進歩』(一六〇五年) の中で、「大衆のように語り、賢者のように考えなければならない」(Loquendum ut vulgus, sentiendum ut sapientes) (Francis Bacon, *The Advancement of Learning*, in idem, *The Major Works*, ed. Brian Vickers [Oxford: Oxford University Press, 2002], pp. 120–299 at p. 228) と言う。バークリは、『アルシフロン』(一七三二年) でも、登場人物の一人であるアルシフロンに、「人は学識ある者とともに考え、大衆とともに語るべきであるというのは、真なる格言だ」(It is a true maxim, that a Man shou'd think with the Learned and speak with the Vulgar) (George Berkeley, *Alciphron: Or, the Minute Philosopher* [Dublin: G. Risk, G. Ewing, and W. Smith, 1732], The first dialogue, § XII, p. 29) と語らせている。(なお、本書では the Learned と the Vulgar の訳語をあえて統一しない。)

(34) *Principles*, 2nd edn. (1734), Part I, § LI, pp. 77–78; LJ, Part I, § 51, pp. 62–63.

(35) *Principles*, 2nd edn. (1734), Part I, § LII, p. 78; LJ, Part I, § 52, p. 63.

(36) *Principles*, 2nd edn. (1734), Part I, § LIII, pp. 78–79; LJ, Part I, § 53, p. 63.

（37）*Principles*, 2nd edn. (1734), Part I, § LIV, p. 79; LJ, Part I, § 54, p. 64.
（38）*Principles*, 2nd edn. (1734), Part I, § LIV, pp. 79–80; LJ, Part I, § 54, p. 64.
（39）*Principles*, 2nd edn. (1734), Part I, § LV, pp. 80–81; LJ, Part I, § 55, p. 64.
（40）*Principles*, 2nd edn. (1734), Part I, § LVI, p. 81; LJ, Part I, § 56, p. 64.
（41）*Principles*, 2nd edn. (1734), Part I, § LVI, pp. 81–82; LJ, Part I, § 56, pp. 64–65.
（42）*Principles*, 2nd edn. (1734), Part I, § LVII, pp. 82–83; LJ, Part I, § 57, p. 65.
（43）*Principles*, 2nd edn. (1734), Part I, § LVIII, p. 83; LJ, Part I, § 58, p. 65.
（44）*Principles*, 2nd edn. (1734), Part I, § LVIII, pp. 83–84; LJ, Part I, § 58, pp. 65–66.
（45）「第一部」第三節で、バークリは次のように述べていた。「そして、もし私が自分の書斎にいないとしても、私はその机が存在すると言うだろう。それは、もし私が自分の書斎にいたとしたら私はそれを知覚しただろう、あるいは、なんらかの他の精神が実際にそれを知覚している、ということを言おうとしてのことである」。ここでバークリは、事実に反する仮定の話をする。つまり、バークリの場合、なんらかの仕方で原理的に知覚可能なものについては、その「存在」を肯定的に論じることが許される。ということは、地球の運動だけでなく、粒子仮説に言う粒子についても、もしそれがなんらかの手段を講じるなら原理的に知覚可能だと考えられる場合には、それを肯定的に論じていいことになる。事実、彼は粒子を肯定的に論じており、それはこのような考え方に立った上でのことと考えられる。バークリが粒子を肯定的に論じたことについては、注31に挙げた拙著の該当箇所を参照されたい。
（46）*Principles*, 2nd edn. (1734), Part I, § LIX, p. 84; LJ, Part I, § 59, p. 66.
（47）*Principles*, 2nd edn. (1734), Part I, § LX, pp. 85–86; LJ, Part I, § 60, pp. 66–67.
（48）*Principles*, 2nd edn. (1734), Part I, § LXI, p. 86; LJ, Part I, § 61, p. 67.
（49）*Principles*, 2nd edn. (1734), Part I, § LXI, pp. 86–87; LJ, Part I, § 61, p. 67.
（50）*Principles*, 2nd edn. (1734), Part I, § LXII, pp. 87–88; LJ, Part I, § 62, pp. 67–68.

（51）ルース＝ジェサップ版では cause とあるべき動詞が choose と誤記されている。

（52）*Principles*, 2nd edn.（1734）, Part I, § LXII, pp. 88–89; LJ, Part I, § 62, p. 68.

（53）*Principles*, 2nd edn.（1734）, Part I, § LXIII, p. 89; LJ, Part I, § 63, p. 68.

（54）*Principles*, 2nd edn.（1734）, Part I, § LXV, pp. 91–92; LJ, Part I, § 65, p. 69.

（55）「私たちがその中に生き、動き、存在するところの」（*in whom we live, move, and have our being*）という言葉は、新約聖書「使徒言行録」第一七章第二八節の「我らは神の中に生き、動き、存在する」を踏まえたものである。バークリはこの言葉をみずからの著作の中で繰り返し使用する。

（56）*Principles*, 2nd edn.（1734）, Part I, § LXVI, p. 92; LJ, Part I, § 66, pp. 69–70.

（57）*Principles*, 2nd edn.（1734）, Part I, § LXVII, p. 93; LJ, Part I, § 67, p. 70.

（58）例えば、ジョナサン・ダンシーは、Jonathan Dancy, 'Editor's Introduction,' in Berkeley, *A Treatise Concerning the Principles of Human Knowledge*, ed. Jonathan Dancy, pp. 5–69 at p. 61 で次のように言う。「マルブランシュのこの見解は機会論（Occasionalism）と呼ばれた。というのも、それは私たちが通常ある出来事の原因とみなしているものを、むしろ神がその出来事を引き起こす機会と考えるからである。バークリはその見解を『原理』第六七節から第八〇節において論じる」。

（59）*Principles*, 2nd edn.（1734）, Part I, § LXXIII, pp. 97–98; LJ, Part I, § 73, pp. 72–73.

（60）*Principles*, 2nd edn.（1734）, Part I, § LXXXII, p. 105; LJ, Part I, § 82, p. 76.

（61）Ibid.

（62）*Principles*, 2nd edn.（1734）, Part I, § LXXXIV, p. 106; LJ, Part I, § 84, p. 77.

（63）*Principles*, 2nd edn.（1734）, Part I, § LXXXIV, p. 107; LJ, Part I, § 84, p. 77.

第6章

（1）以下の議論を「観念」に関わることと「精神」に関わることの二つに分けて進めることは、第八六節で提示される。*Principles*, 2nd edn. (1734), Part I, § LXXXVI, p. 108; LJ, Part I, § 86, p. 78 を参照されたい。

（2）*Principles*, 2nd edn. (1734), Part I, § LXXXV, p. 107; LJ, Part I, § 85, p. 77.

（3）*Principles*, 2nd edn. (1734), Part I, § LXXXV, p. 108; LJ, Part I, § 85, p. 77.

（4）*Principles*, 2nd edn. (1734), Part I, § LXXXVI, p. 108; LJ, Part I, § 86, p. 78.

（5）Ibid.

（6）Ibid.

（7）*Principles*, 2nd edn. (1734), Part I, § LXXXVI, p. 109; LJ, Part I, § 86, p. 78.

（8）Ibid.

（9）これについては、Yasuhiko Tomida, 'Locke's Representationalism without Veil', *British Journal for the History of Philosophy*, 13 (2005), pp. 675–696 at pp. 675–677 および冨田『ロック入門講義――イギリス経験論の原点』（ちくま学芸文庫、二〇一七年）八三～八八ページを参照されたい。

（10）「現れ」（Appearance）は、「実在」と対比をなす英語の典型的な言葉で、一般に、ギリシャ語起源の phenomenon と置き換え可能で、「現象」と訳すこともできる。因みにカントはこれを Erscheinung と表現する。これについては、冨田『カント入門講義――超越論的観念論のロジック』（ちくま学芸文庫、二〇一七年）一二〇～一二一ページを参照されたい。

（11）*Rerum Natura* を「諸物からなる自然」と訳すことについては、第5章注5を参照されたい。

（12）*Principles*, 2nd edn. (1734), Part I, § LXXXVII, pp. 109–110; LJ, Part I, § 87, pp. 78–79.

（13）*Principles*, 2nd edn. (1734), Part I, § LXXXVIII, p. 110; LJ, Part I, § 88, p. 79.

（14）この件については、冨田『デカルト入門講義』（ちくま学芸文庫、二〇一九年）一一八ページを参照されたい。

(15) *Principles*, 2nd edn. (1734), Part I, § LXXXVIII, p. 111; LJ, Part I, § 88, p. 79.
(16) *Principles*, 2nd edn. (1734), Part I, § LXXXIX, pp. 111–112; LJ, Part I, § 89, pp. 79–80. なお、最後の「私たちは自分の存在を」から始まる文は一七三四年の『原理』改訂第二版で加筆されたものであり、初版にはない。
(17) *Principles*, 2nd edn. (1734), Part I, § XC, pp. 112–113; LJ, Part I, § 90, p. 80.
(18) *Principles*, 2nd edn. (1734), Part I, § XCII, p. 114; LJ, Part I, § 92, p. 81.
(19) *Principles*, 2nd edn. (1734), Part I, § XCIII, p. 115; LJ, Part I, § 93, p. 81.
(20) Ibid.
(21) *Principles*, 2nd edn. (1734), Part I, § XCIII, p. 115; LJ, Part I, § 93, pp. 81–82.
(22) *Principles*, 2nd edn. (1734), Part I, § XCIII, p. 115; LJ, Part I, § 93, p. 81.
(23) *Principles*, 2nd edn. (1734), Part I, § XCIV, p. 116; LJ, Part I, § 94, p. 82.
(24) *Principles*, 2nd edn. (1734), Part I, § XCVI, p. 117; LJ, Part I, § 96, p. 82.
(25) *Principles*, 2nd edn. (1734), Part I, § XCIX, p. 119; LJ, Part I, § 99, p. 84.
(26) *Principles*, 2nd edn. (1734), Part I, § XCIX, pp. 119–120; LJ, Part I, § 99, p. 84.
(27) *Principles*, 2nd edn. (1734), Part I, § XCIX, p. 120; LJ, Part I, § 99, p. 84.
(28) *Principles*, 2nd edn. (1734), Part I, § C, pp. 120–121; LJ, Part I, § 100, pp. 84–85.
(29) *Principles*, 2nd edn. (1734), Part I, § CI, p. 121; LJ, Part I, § 101, p. 85.
(30) Ibid.
(31) Ibid.
(32) *Principles*, 2nd edn. (1734), Part I, § CII, p. 122; LJ, Part I, § 102, p. 85.
(33) *Principles*, 2nd edn. (1734), Part I, § CIII, p. 123; LJ, Part I, § 103, p. 86.
(34) *Principles*, 2nd edn. (1734), Part I, § CIV, p. 124; LJ, Part I, § 104, p. 86.

（35）Ibid.

（36）*Principles*, 2nd edn.（1734）, Part I, § CV, p. 125; LJ, Part I, § 105, p. 87.

（37）Ibid.

（38）Ibid.

（39）*Principles*, 2nd edn.（1734）, Part I, § CVII, pp. 126–127; LJ, Part I, § 107, pp. 87–88.

（40）*Principles*, 2nd edn.（1734）, Part I, § CXIX, pp. 138–139; LJ, Part I, § 119, pp. 95–96.

（41）*Principles*, 2nd edn.（1734）, Part I, § CXXII, p. 142; LJ, Part I, § 122, p. 97.

（42）*Principles*, 2nd edn.（1734）, Part I, § CXXII, p. 143; LJ, Part I, § 122, p. 97.

（43）*Principles*, 2nd edn.（1734）, Part I, § CXXIII, p. 143; LJ, Part I, § 123, p. 97.

（44）*Principles*, 2nd edn.（1734）, Part I, § CXXIII, pp. 143–144; LJ, Part I, § 123, pp. 97–98.

（45）*Principles*, 2nd edn.（1734）, Part I, § CXXIV, pp. 144–145; LJ, Part I, § 124, p. 98.

（46）John Locke, *An Essay Concerning Human Understanding*, ed. Peter H. Nidditch（Oxford: Cxford University Press, 1975）, II. xv. 9, p. 203. この件については、また、冨田『ロック入門講義』一八六～一八七ページを参照されたい。

（47）Locke, *An Essay Concerning Human Understanding*, II. xv. 9, p. 203.

（48）*Principles*, 2nd edn.（1734）, Part I, § CXXXII, p. 152; LJ, Part I, § 132, p. 102.『視覚新論』ではバークリは「可感的最小」を「可触的最小」（Minimum Tangibile）と「可視的最小」（Minimum Visibile）とに分ける（George Berkeley, *An Essay towards a New Theory of Vision*, in *The Works of George Berkeley, Bishop of Cloyne*, ed. A. A. Luce and T. E. Jessop, 9 vols. [London: Nelson, 1948–1957], i. § 54, p. 191 参照）。なお、minimum sensibile の中世の使用例としては、Joannes Duns Scotus, *Opera Omnia*, Editio nova, Tomus undecimus [*Quaestiones in secundum librum sententiarum*]（Parisii [Paris]: Ludovicus Vivès, 1893）, p. 448 を参照されたい。

（49）*Principles*, 2nd edn.（1734）, Part I, § CXXXI, p. 151; LJ, Part I, § 131, p. 101.

（50）*Principles*, 2nd edn.（1734）, Part I, § CXXXIII, pp. 152–154; LJ, Part I, § 133, pp. 102–103.

（51）*Principles*, 2nd edn.（1734）, Part I, § CXXXV, pp. 154–155; LJ, Part I, § 135, p. 103.

（52）*Principles*, 2nd edn.（1734）, Part I, § CXXXVIII, pp. 156–157; LJ, Part I, § 138, p. 104.

（53）*Principles*, 2nd edn.（1734）, Part I, § CXXXIX, pp. 157–158; LJ, Part I, § 139, pp. 104–105.

（54）*Principles*, 2nd edn.（1734）, Part I, § CXL, p. 158; LJ, Part I, § 140, p. 105.

（55）*Principles*, 2nd edn.（1734）, Part I, § CXLI, p. 159; LJ, Part I, § 141, p. 106.

（56）*Principles*, 2nd edn.（1734）, Part I, § CXLIII, p. 161; LJ, Part I, § 143, pp. 106–107.

（57）*Principles*, 2nd edn.（1734）, Part I, § CXLIV, p. 161; LJ, Part I, § 144, p. 107.

（58）Ibid.

（59）*Principles*, 2nd edn.（1734）, Part I, § CXLV, p. 162; LJ, Part I, § 145, p. 107.

（60）神の心を含めた他の心の存在をどのようにして私たちは知るのかという問題は、のちに『アルシフロン』（一七三二年）において立ち入って論じられた。この件については、冨田『観念論の教室』（ちくま新書、二〇一五年）五四ページ以下を参照されたい。

（61）*Principles*, 2nd edn.（1734）, Part I, § CXLVI, p. 163; LJ, Part I, § 146, p. 108.

（62）Ibid.

（63）*Principles*, 2nd edn.（1734）, Part I, § CXLVIII, pp. 165–166; LJ, Part I, § 148, p. 109.

（64）*Principles*, 2nd edn.（1734）, Part I, § CXLIX, p. 166; LJ, Part I, § 149, p. 109.

（65）この件については、注60を参照されたい。

（66）*Principles*, 2nd edn.（1734）, Part I, § CLVI, pp. 173–174; LJ, Part I, § 156, p. 113.

第7章

(1) この件については、第2章第4節で論じた。

(2) René Descartes, *Meditationes de prima philosophia*, in *Œuvres de Descartes*, ed. Charles Adam and Paul Tannery, 12 vols. (Paris: Léopold Cerf, 1897–1910), vii. p. 160.

(3) デカルトの「形相」と「観念」のこの同一視は、「形相もしくは観念」という表現にも見られる。Ibid., p. 188 参照。

(4) Ibid., p. 371.

(5) Ibid., p. 166.

(6) Ibid., p. 371.

(7) Ibid., p. 163.

(8) Ibid., p. 72; p. 368.

(9) Ibid., p. 162; p. 166.

(10) Ibid., p. 166.

(11) Ibid., p. 75. 因みに、デカルトがここで行っている感覚の観念と記憶の観念の区別は、『人間知性論』におけるロックの言明にも、それに対応するものを認めることができる（John Locke, *An Essay Concerning Human Understanding*, ed. Peter H. Nidditch [Oxford: Oxford University Press, 1975], IV. ii. 14, p. 537）。なお、感覚の観念と記憶の観念の違いを「生き生きとしていて鮮明である」ことの度合いの違いという観点から説明するデカルトのやり方が、バークリによる「感官の観念」と「想像の観念」の区別や、ヒュームによる「印象」と「観念」の区別に受け継がれていることは、言うまでもない。

(12) この件については、「第六省察」（Descartes, *Meditationes de prima philosophia*, pp. 72 ff.）や、ホッブズによる「第三反論」の「反論四」に対する答弁（Ibid., p. 178）などを参照されたい。

(13) Ibid., p. 181.

（14）Ibid., pp. 363-364.

（15）なお、デカルトが心の働きや感情をも「観念」としたことについては、とりわけ彼が、「第三反論」の「反論五」に対する答弁（Ibid., p. 181）において、「意志の働き」（volitio）や「恐れ」（timor）をも「観念」に数えていることからして明らかである。

（16）この件については、Yasuhiko Tomida, *Idea and Thing: The Deep Structure of Locke's Theory of Knowledge*, in Anna-Teresa Tymieniecka（ed.）, *Analecta Husserliana: The Yearbook of Phenomenological Research*, Vol. XLVI（Dordrecht, Boston, and London: Kluwer, 1995）, pp. 3-143 at pp. 9-56; idem, 'The Imagist Interpretation of Locke Revisited: A Reply to Ayers,' *Locke Newsletter*, 27（1996）, pp. 13-30; idem, 'Sensation and Conceptual Grasp in Locke,' *Locke Studies*, 4（2004）, pp. 59-87; idem, '"Separation" of Ideas Reconsidered: A Response to Jonathan Walmsley,' *Locke Studies*, 5（2005）, pp. 39-56; idem, *Locke, Berkeley, Kant: From a Naturalistic Point of View*（2nd edn., revised and enlarged, Hildesheim, Zürich, and New York: Georg Olms, 2015）, chs. 3-5; 冨田『ロック哲学の隠された論理』（勁草書房、一九九一年）一～九三ページ、冨田『観念説の謎解き――ロックとバークリをめぐる誤読の論理』（世界思想社、二〇〇六年）第二章および第三章を参照されたい。

（17）Locke, *An Essay Concerning Human Understanding*, III. iii. 7, p. 411.

（18）*Principles*, 2nd edn.（1734）, Introduction, § IX, pp. 9-10; LJ, Introduction, § 9, pp. 28-29.

（19）*Principles*, 2nd edn.（1734）, Introduction, § X, pp. 11-12; LJ, Introduction, § 10, pp. 29-30.

（20）Locke, *An Essay Concerning Human Understanding*, II. xi. 9, p. 159. この箇所の解釈については、Tomida, *Idea and Thing*, pp. 33 ff., 冨田『ロック哲学の隠された論理』四九～六〇ページ、冨田『観念説の謎解き』一四一～一四四ページを参照されたい。

（21）この件については、Yasuhiko Tomida, *Inquiries into Locke's Theory of Ideas*（Hildesheim, Zürich, and New York: Georg Olms, 2001）, pp. 153-166, 冨田『ロック哲学の隠された論理』第Ⅱ部第三章、冨田『ロック入門講義

——イギリス経験論の原点』（ちくま学芸文庫、二〇一七年）第八章を参照されたい。

（22）Locke, *An Essay Concerning Human Understanding*, III. iii. 6, p. 411.

（23）Ibid., III. iii. 6, pp. 410–411.

（24）バークリが「序論」で観念を伴わない言語使用を論じていることについては、第1章第11節を参照されたい。

（25）これについては、注21に挙げた文献を、また、記述主義的指示理論の基本構図については、冨田『アメリカ言語哲学入門』（ちくま学芸文庫、二〇〇七年）第三章を、参照されたい。

（26）Locke, *An Essay Concerning Human Understanding*, III. iii. 8, pp. 411–412.

（27）*Principles*, 2nd edn.（1734）, Introduction, § IX, pp. 10–11; LJ, Introduction, § 9, p. 29.

（28）*Principles*, 2nd edn.（1734）, Introduction, § XVIII, p. 26; LJ, Introduction, § 18, p. 36.

（29）*Principles*, 2nd edn.（1734）, Introduction, § XIII, pp. 17–18; LJ, Introduction, § 13, pp. 32–33.

（30）エアロンの指摘については、Richard I. Aaron, 'Locke's Theory of Universals', *Proceedings of Aristotelian Society*, 33（1932–1933）, pp. 173–202 at pp. 175–176; idem, *John Locke*（3rd edn., Oxford: Oxford University Press, 1971）, pp. 196–197 を参照されたい。

（31）*Principles*, 2nd edn.（1734）, Introduction, § XIII, pp. 18–19; LJ, Introduction, § 13, p. 33.

（32）Locke, *An Essay Concerning Human Understanding*, II. xxxi. 6, p. 379; II. xxxii. 24, p. 393.

（33）Ibid., III. iii. 18, p. 418.

（34）この件についてはまた、Tomida, 'Sensation and Conceptual Grasp in Locke', pp. 82–83 を参照されたい。

（35）*Principles*, 2nd edn.（1734）, Introduction, § VIII, pp. 8–9; LJ, Introduction, § 8, p. 28.

（36）*Principles*, 2nd edn.（1734）, Introduction, § X, p. 12; LJ, Introduction, § 10, p. 29.

（37）Locke, *An Essay Concerning Human Understanding*, II. xiii. 11, pp. 171–172.

（38）Ibid., II. iv. 5, p. 126.

(39) *Principles*, 2nd edn. (1734), Introduction, § XI, pp. 15-16; LJ, Introduction, § 11, p. 31.

(40) Locke, *An Essay Concerning Human Understanding*, Ⅲ. i. 1-2, p. 402 参照。

(41) 先に、「定義」に関するバークリの見解の問題性を指摘したが、それと同様、そもそもバークリには、いかにして言葉が単なる分節音以上のものとなりうるかについての十分な考察が欠けている。そのため、彼の言う意味での「観念」を伴わない原語使用の現象に触れる際にも、観念なしにどうして言葉が機能するかについての考察はない。

(42) *Principles*, 2nd edn. (1734), Introduction, § XII, pp. 16-17; LJ, Introduction, § 12, pp. 31-32.

第8章

(1) この件については冨田『デカルト入門講義』（ちくま学芸文庫、二〇一九年）二二八〜二四一ページを参照されたい。

(2) この件については、冨田『デカルト入門講義』一四二〜一四三ページ、二〇七ページ以下を、あわせて参照されたい。

(3) この件については、本書第4章第1節を参照されたい。バークリはこれについて「ある観念ないし思考の対象が別の観念ないし思考の対象を産み出したり変化させたりすることはありえない。これが真であることを納得するには、私たちの観念をひたすら観察するだけでよい」と言う。

(4) Richard Rorty, 'Contemporary Philosophy of Mind', *Synthese*, 53 (1982), pp. 323-348 at 330-331 参照。この件については、また、Yasuhiko Tomida, 'Ideas without Causality: One More Locke in Berkeley', *Locke Studies*, 11 (2011), p. 139; idem, *Locke, Berkeley, Kant: From a Naturalistic Point of View* (2nd edn., revised and enlarged, Hildesheim, Zürich, and New York: Georg Olms, 2015), p. 157, n. 21 を参照されたい。

(5) George Berkeley, *Three Dialogues between Hylas and Philonous*, in *The Works of George Berkeley, Bishop of Cloyne*, ed. A. A. Luce and T. E. Jessop, 9 vols. (London: Nelson, 1948-1957), ii. p. 232 参照。

（6）この命名については、冨田『観念論の教室』（ちくま新書、二〇一五年）一三七ページ以下を参照されたい。

終　章

（1）これについては、第6章第9節の引用箇所（「第一部」第一三三節）の、自身の議論に対するバークリの言葉を参照されたい。彼は、自分の原理について、「私たちが明らかに論証してきたと思われる」と言う。

（2）これについては、冨田『観念論の教室』（ちくま新書、二〇一五年）一五九ページ以下を参照されたい。

（3）*Principles*, 2nd edn. (1734), Part I, § C, pp. 120-121; LJ, Part I, § 100, pp. 84-85.

（4）これについては、冨田『観念論の教室』二九〜四二ページを参照されたい。

あとがき

ジョージ・バークリとは奇妙な縁である。大学の二回生のとき、私はカントの物自体の想定が嫌で、一元論的な考え方に惹かれ、西田幾多郎の『善の研究』やウィリアム・ジェイムズの「根本的経験論」に魅力を感じた。バークリを読むのは当然の成り行きであった。私は一時期デカルトの形而上学に見られる観念論的フェイズや、バークリ流の観念論に心酔した。そうした思想は、高い整合性を有しており、それを論駁するのは至難の業だと思った。これに対して、当時の私には、ラッセルが『西洋哲学史』で言うように（Bertrand Russell, *History of Western Philosophy* [London and New York: Routledge, 2004], p. 558）、ロックは「不整合な」見解を提示しているように思われた。不整合な見解には、全体が正しくなくてもどこかが正しい可能性があるというラッセルの評価は、とても褒め言葉とは思えなかった。

しかし、その後フッサールの現象学を理解するためフッサールがしばしば依拠したイギリス経験論の研究を始めると、むしろ、ロックの『人間知性論』はさまざまな点で誤解されており、伝統的評価とは異なり、その論は、科学者の提示する知識論と見る限りにおいて、高い整合性を持つと思うようになった。問題はむしろ、科学の実際に思いを致さない自称「哲学者」が勝手な解釈をしてきたところにあると思われた。ロックの観念説の枠組みを作ったデカルト自身が当時を代表する科学者だったことを、大学における私の最初の師である野田又夫は概論講義で当然のように述べていたが、科学から哲学に転じた私は、当時かえってそのことの意味を理解できずにいた。本当の問題は、バークリの物質否定論が依拠している先人の遺産と、それを基盤として彼が提示したものとの間の論理的背反が何を意味するかにあるということを、私はのちに知ることになった。

この問題について私見をはじめて公にしたのは、二〇〇〇年の関西哲学会でのいわゆる「招待講演」においてであった。その内容はやがて改訂英文論文としてイギリスの『ロック・スタディーズ』（*Locke Studies*）誌に送られ、審査ののち、同誌二〇〇二年号に掲載された。その後も私の関連する論文は、同誌に相次いで掲載された。

私にとってなによりも嬉しかったのは、のちに知ったことだが、私の論文をずっと審査してくださっていた方のお一人が、I・C・ティプトン（Ian Charles Tipton, 1937–2006）先生だったことである。ティプトン先生は、イギリス経験論の研究家として知られ、「国際バークリ協会」（International Berkeley Society）の会長を務められた方で、私は若い頃から彼を研究者として尊敬していた。のちに『ロック・スタディーズ』の編集長のローランド・ホール（Roland Hall, 1930–2018）先生から「あなたの一連の論文を評価してくれたのはティプトン先生だった」と伺って、ご在職のウェールズ大学スウォンジー校（現スウォンジー大学）にお礼の手紙を差し上げたところ、しばらくして秘書の方から、先生が亡くなられた旨のご返信をいただいた。二〇〇六年のことであった。

かつてティプトン先生が匿名でくださった'even if Berkeley or a Berkeleian might attempt some sort of defence against [Tomida's] charge of a distortion, I am not totally convinced that they'd "win". [...] I always enjoy reading Tomida.'というお言葉は、以後ずっと私の研究の支えとなった。

そうした経緯から、私はむしろ、物質肯定論者のデカルトやロックのほうにより多くの論理の一貫性があり、バークリはむしろ、自分の依拠している観念説の基盤をみずから覆すようなことをしていると理解するようになる。だが、もともとの、原子論的伝統を継承するデカルトやロックの物質肯定論が、仮説演繹法に基づく科学者としての視点から、仮説的に新たな物体、新たな物質を構想するものであったことからして、それ自体が人間の行う、過去を乗り越える創造的行為の一つであることは明らかであった。そして、そのことからすれば、バークリの物質否定論もまた、そのような新たな創造的一歩の典型と見るべきなのだと今私は思う。人間がエマソンの言うように、先人の描いた円に対してそれよりもさらに大きな円を描こうとして今日に至る存在だとすれば、その意味で、バークリは、デカルトやロックと同じように、新たな円を描いてこの世を去った偉人の一人にほかならない。

そのようなわけで、本書の第7章と第8章で私はかなり厳しいバークリ批判を行うものの、それは、基礎づけ主義的な視点からする誤解を解くためのものであって、バークリが偉大な思想家であり、また、その生き方においても尊敬すべき人であったことを、私は疑うものではない。

本書を執筆するにあたって私が依拠した自分のこれまでの仕事の一部なりとも挙げてよければ、それは次のとおりである。

Yasuhiko Tomida, *Idea and Thing: The Deep Structure of Locke's Theory of Knowledge*, in Anna-Teresa Tymieniecka (ed.), *Analecta Husserliana: The Yearbook of Phenomenological Research*, Vol. XLVI (Dordrecht, Boston, and London: Kluwer, 1995), pp. 3-143.

—— 'The Imagist Interpretation of Locke Revisited: A Reply to Ayers', *The Locke Newsletter*, 27 (1996), pp. 13-30.

—— 'Yolton on Cartesian Images', in Tadashi Ogawa, Michael Lazarin, and Guido Rappe (eds.), *Interkulturelle Philosophie und Phänomenologie in Japan: Beiträge zum Gespräch über Grenzen hinweg* (München: Iudicium, 1998), pp. 105-111.

—— 'Descartes, Locke, and "Direct Realism"', in Stephen Gaukroger, John Schuster, and John Sutton (eds.), *Descartes' Natural Philosophy* (London: Routledge, 2000), pp. 569-575.

冨田恭彦「バークリの観念説の矛盾」『アルケー』（関西哲学会編）第九号、二〇〇一年、一五～二五ページ。

——「バークリ再考——ロックとの比較」『思想』第九二九号、二〇〇一年、九九～一一六ページ。

——「バークリ再考（Ⅱ）——物質否定論の諸前提」『思想』第九三六号、二〇〇二年、四一～六三ページ。

Yasuhiko Tomida, 'Locke, Berkeley, and the Logic of Idealism', *Locke Studies*, 2 (2002), pp. 225-

238.

—— 'Locke, Berkeley, and the Logic of Idealism II', *Locke Studies*, 3 (2003), pp. 63–91.

—— 'Sensation and Conceptual Grasp in Locke', *Locke Studies*, 4 (2004), pp. 59–87.

—— '"Separation" of Ideas Reconsidered: A Response to Jonathan Walmsley', *Locke Studies*, 5 (2005), pp. 39–56.

—— 'Locke's Representationalism without Veil', *British Journal for the History of Philosophy*, 13 (2005), pp. 675–696.

冨田恭彦『観念説の謎解き——ロックとバークリをめぐる誤読の論理』世界思想社、二〇〇六年。

Yasuhiko Tomida, 'Locke's "Things Themselves" and Kant's "Things in Themselves": The Naturalistic Basis of Transcendental Idealism', in Sarah Hutton and Paul Schuurman (eds.), *Studies on Locke: Sources, Contemporaries, and Legacy* (Dordrecht: Springer, 2008), pp. 261–275.

—— 'The Lockian Materialist Basis of Berkeley's Immaterialism', *Locke Studies*, 10 (2010), pp. 179–197.

—— 'Ideas without Causality: One More Locke in Berkeley', *Locke Studies*, 11 (2011), pp. 139–154.

—— *Locke, Berkeley, Kant: From a Naturalistic Point of View* (Hildesheim, Zürich, and New York: Georg Olms, 2012; 2nd edn., revised and enlarged, 2015).

―― 'Experiential Objects and Things Themselves: Locke's Naturalistic, Holistic Logic, Reconsidered', *Locke Studies*, 14 (2014), pp. 85–102.

この場をお借りして、学生時代から私と私の家族をずっとお見守りくださった、叡山学院教授・天台宗真如院住職藤本文雄師、ならびに、元大阪大学副学長故溝口宏平氏に、衷心より御礼を申し上げる。

また、本書の出版にあたっては、前著『カント批判』同様、勁草書房編集部の土井美智子さんに大変お世話になった。土井さんが、いわゆる「通説」(?)らしきものとは相当に異なる方向を持つ私の「西洋近代観念説」研究を温かく見守ってくださることがなければ、前著同様、本書もありえなかった。心より御礼を申し上げる。

二〇一九年春

冨田恭彦

人名索引

ア　行

アクィナス　Thomas Aquinas　142
アリストテレス　Ἀριστοτέλης　37, 94–95, 274
ウェルギリウス　Publius Vergilius Maro　143
ヴォルフ　Christian Wolff　i
エアロン　Richard Ithamar Aaron　225, 283
エマソン　Ralph Waldo Emerson　289
エリザベス一世　Elizabeth I　262
オースティン　John Langshaw Austin　36

カ　行

ガッサンディー　Pierre Gassendi　210–211
カミンズ　Philip Damien Cummins　82
カント　Immanuel Kant　97, 260, 263–265, 268–269, 277, 287
ギャロワ　Andre Gallois　113

サ　行

ジェイムズ　William James　287
ジェサップ　Thomas Edmund Jessop　iv, 132, 173, 258, 264, 276
ジョンストン　George Alexander Johnston　264
ジョンソン　Samuel Johnson　142, 256, 272
スアレス　Francisco Suárez　142
ソクラテス　Σωκράτης　12, 148

タ　行

ダンシー　Jonathan Dancy　132, 276
ティプトン　Ian Charles Tipton　288–289
デカルト　René Descartes　i, iii, 45, 51–52, 56, 58, 67, 80, 82–85, 87, 89, 107–108, 117, 138, 142, 152, 180, 182, 207–211, 217, 223, 230, 238–243, 249, 251–252, 271–272, 281–282, 287–289
デモクリトス　Δημόκριτος　94, 100
ドゥランドゥス（サン＝プルサンのデュラン）　Durand de Saint-Pourçain　143, 272

ナ　行

西田幾多郎　287
ニュートン　Isaac Newton　191, 196
野田又夫　288

ハ　行

バークリ（ウィリアム）　William Berkeley　261
バークリ（エリザベス）　Elisabeth Berkeley　261
パーシヴァル　John Percival　258
ハーバート　Thomas Herbert　258
パフ　Christoph Matthäus Pfaff

256–257
ヒューム　David Hume　211, 281
ファーロング　Edmund James Joseph Furlong　265
フッサール　Edmund Husserl　287
プラトン　Πλάτων　12, 143
フレイザー　Alexander Campbell Fraser　59, 131, 265
ベーコン（フランシス）　Francis Bacon　274
ベーコン（ロジャー）　Roger Bacon　274
ボイル　Robert Boyle　87
ホッブズ　Thomas Hobbes　210–211, 281
ホール　Roland Hall　288

マ　行

マルブランシュ　Nicolas Malebranche　173, 276
モリニュー　William Molyneux　138, 262

ヤ　行

ユークリッド（エウクレイデス）　Εὐκλείδης　194

ラ　行

ラッセル　Bertrand Russell　287
リード　Thomas Reid　262–263
ルース　Arthur Aston Luce　iv, 132, 258, 268, 276
ルロワ　André-Louis Leroy　256
ロック　John Locke　i, iii, 11–12, 15, 20–21, 25–28, 32, 46–47, 49–56, 58–59, 61–63, 66–69, 71–72, 75, 79–80, 82–83, 85, 87–90, 95, 97, 101, 102–104, 106–108, 117, 119, 125, 138, 141, 152, 180, 195–196, 208, 211–214, 216–245, 249, 251–252, 258–260, 262–265, 267–268, 270, 273, 281, 287–289

事項索引

ア　行

カ　行

ナ　行

ハ　行

マ　行

ヤ　行

ラ　行

著者略歴

1952年　香川県に生まれる
1981年　京都大学大学院文学研究科博士後期課程研究指導認定退学
博士（文学）
ハーバード大学客員研究員、京都大学大学院人間・環境学研究科教授、同研究科長などを経て
現　在　京都大学名誉教授、同志社大学嘱託講師
著　者　『ロック哲学の隠された論理』（勁草書房）
『クワインと現代アメリカ哲学』（世界思想社）
Locke, Berkeley, Kant（Olms）
『観念論の教室』（ちくま新書）
『カント批判』（勁草書房）
『デカルト入門講義』（ちくま学芸文庫）ほか
訳　書　『ローティ論集』（勁草書房）ほか

バークリの『原理』を読む
「物質否定論」の論理と批判

2019年6月20日　第1版第1刷発行

著　者　冨《とみ》田《だ》恭《やす》彦《ひこ》

発行者　井　村　寿　人

発行所　株式会社　勁《けい》草《そう》書　房

112-0005 東京都文京区水道 2-1-1　振替 00150-2-175253
（編集）電話 03-3815-5277／FAX03-3814-6968
（営業）電話 03-3814-6861／FAX03-3814-6854
日本フィニッシュ・松岳社

ISBN978-4-326-15460-9　　Printed in Japan

G・バークリ　視覚新論　付・視覚論弁明　下條・植村他訳　二八〇〇円

冨田恭彦　カント批判　『純粋理性批判』の論理を問う　四六判　三二〇〇円

R・ローティ　ローティ論集　「紫の言葉たち」／今問われるアメリカの知性　冨田恭彦編訳　四二〇〇円

荻原理　マクダウェルの倫理学　四六判　二五〇〇円

J・エルスター　酸っぱい葡萄　合理性の転覆について　玉手慎太郎訳　四〇〇〇円

鬼界彰夫　『哲学探究』とはいかなる書物か　理想と哲学　四六判　三六〇〇円

P・シンガー　飢えと豊かさと道徳　児玉聡監訳　一九〇〇円

＊表示価格は二〇一九年六月現在。消費税は含まれておりません。